巴迪的科学探秘之旅①

巴迪吹泡泡

陈淑兰 主编

王 超 刘 学 编著

首都师范大学出版社
CAPITAL NORMAL UNIVERSITY PRESS

图书在版编目（CIP）数据

巴迪的科学探秘之旅. 巴迪吹泡泡 / 陈淑兰主编 ; 王超, 刘学编著. — 北京 : 首都师范大学出版社, 2023.8
ISBN 978-7-5656-7682-6
Ⅰ. ①巴… Ⅱ. ①陈… ②王… ③刘… Ⅲ. ①科学知识—儿童读物②物理学—儿童读物 Ⅳ. ①Z228.1 ②04-49
中国国家版本馆 CIP 数据核字（2023）第 136604 号

BADI DE KEXUE TANMI ZHI LÜ BADI CHUI PAOPAO
巴迪的科学探秘之旅　巴迪吹泡泡
陈淑兰　主编　　王超　刘学　编著

责任编辑　丁燕伟
首都师范大学出版社出版发行
地　址　北京西三环北路 105 号
邮　编　100048
电　话　68418523（总编室）　68982468（发行部）
网　址　http://cnupn.cnu.edu.cn
印　刷　北京印刷集团有限责任公司
经　销　全国新华书店
版　次　2023 年 8 月第 1 版
印　次　2023 年 8 月第 1 次印刷
开　本　889mm×1194mm　1/16
印　张　19.75
字　数　216 千字
定　价　96.00 元（全八册）

本期任务：探索泡泡背后的奥秘

目　录

巴迪前传

巴迪是来自 M 星球的小王子，因为误闯迷宫，被蓝发魔王诅咒，变成了一只袖珍小狮子。巴迪被彩虹龙卷风带到了北京西山脚下的红樱小学。除了随身携带的一面魔镜，巴迪一无所有。魔镜告诉巴迪，要想复原，并回到自己的星球，需要通过**数道难关**，集齐 **52 枚金盾**，完成对地球的科学探究。他该如何迎接重重挑战，踏上回家的路？

好在巴迪在红樱小学结识了热情好学的奇奇、妙妙两兄妹和其他师生，与他们成了知心好友。由此，他们带着魔镜踏上了神奇的科学探秘之旅。他们在学校、家庭、大自然、社会中展开了对物质科学、生命科学、地球与宇宙科学以及技术与工程方面的探究。这一路，他们将紧密合作，共同发现，大胆尝试，积极创新。如果闯关成功，小狮子巴迪就能恢复王子的样貌，从而顺利地回归自己的星球。小朋友们，你们愿意帮助巴迪完成心愿吗？快快加入我们的科学探秘行动吧！

第一关　尝试吹泡泡

巴迪想知道地球上的学校与自己星球的学校有什么不同，便请奇奇和妙妙带他去学校里参观。

奇奇看了一下手表，说：“我们的科学实践活动就要开始了，欢迎你加入！”巴迪很好奇，想知道地球小朋友的科学实践活动有哪些有趣的内容，于是就跟着奇奇和妙妙走进了科学教室。

看到巴迪，同学们都很开心，正在给大家上课的阿明老师也连忙向他招手：“来吧！和我们一起吹泡泡！”

巴迪乖乖地坐在桌边，脑子里出现了一堆问号。

老师说：“孩子们，世界是五彩缤纷的，是充满梦幻色彩的。五颜六色的泡泡飘浮在自己的周围，这是多么美丽的景象啊，你们想不想尝试一下吹泡泡呢？”

巴迪不由得闭上了眼睛，顿时一幅画面出现在他的眼前：春日和煦的阳光下，绿油油的草地上，孩子们吹出了美丽的、五颜六色的泡泡，并且在追着泡泡欢快地奔跑，这是多么令人快乐的事情啊！

顿时，巴迪产生了好奇心，他想，我一定要学会吹泡泡，回家以后我要在妈妈过生日的时候给她一个惊喜。但是泡泡是怎么吹出来的？难道是魔法师变出来的吗？这样想着，巴迪噘起嘴巴，吹了一口气。可是他什么也没有吹出来。

别乱来啊，小巴迪。泡泡是因为液体里有空气而鼓起来的球状体，是由液体的表面张力形成的。吹泡泡还有很多学问呢，你好好听阿明老师讲课吧！

任务清单一：教巴迪吹泡泡

巴迪：在我们的星球，我从来没有吹过泡泡，奇奇、妙妙，你们快帮帮我，教我吹出一个大泡泡，好吗？

奇奇：我以前用泡泡糖吹过泡泡，一会儿我买几块泡泡糖，教你吹吹看。

妙妙：没有那么麻烦，我用嘴里的唾液就可以吹出一个泡泡。

巴迪：哇！妙妙真厉害！

妙妙：必须利用嘴里的唾液，不能光是吹气，泡泡是由液体组成的。

阿明老师：妙妙说得对，泡泡的形成的确和液体有关系。回忆一下，你们都在哪里见过泡泡？

奇奇：我姥姥煮粥，粥锅开了，表面就会出现泡泡。

妙妙：洗澡的时候，我抹了浴液，身上就会有很多小泡泡。

奇奇：我爸爸喝的啤酒也会产生很多泡泡。

妙妙：下雨的时候，地上的积水有时也会漂着泡沫。

巴迪：哦，看来可爱的泡泡还真的和液体有关系呢！但是只要有水就能吹出泡泡吗？

使用以下材料就可以吹出泡泡吗？巴迪，快选几样工具和材料试一试吧！

材料: 吸管、饮料瓶盖、一次性塑料杯、铁丝、橡胶管、纸、卷纸芯、空心塑料管、钥匙圈、量角器、带小孔的尺子、毛根、棉线、洗洁精、水等。

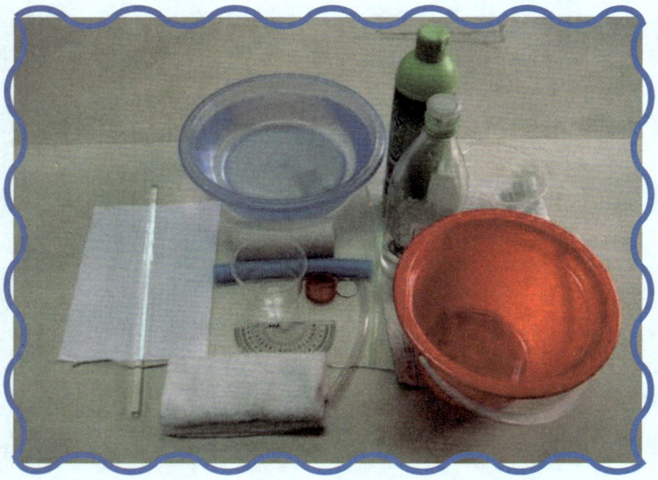

奇奇：我用吸管、洗洁精和水，空心塑料管也可以用。

妙妙：我用带小孔的尺子和铁丝试试。我再选一个钥匙圈。

巴迪：我觉得卷纸芯、空心塑料管也有用。

你觉得吹泡泡还可以使用哪些材料？

实验安全事项：

1. 泡泡液是对人体有毒的液体，不能吃。所以吹泡泡的时候只能吹，不能吸。
2. 对于吹泡泡的工具，在使用时需要在吹的位置贴上标签，嘴巴吹的地方不能有泡泡液。
3. 吹泡泡的时候可以穿上防护衣，以免弄湿衣服。
4. 吹泡泡的时候要戴上护目镜，以免泡泡破后泡泡液飞溅到眼睛里。
5. 吹泡泡时不能对着小朋友的脸吹。
6. 最好选择在室外吹泡泡，如果在室内吹，桌面上要铺上报纸，以免把桌面弄湿。地板上也要铺上报纸，以免把地面弄湿。
7. 做完实验之后要把手洗干净。

观察你吹出的泡泡。它是什么样子的？请你画一画，然后用文字配合图画描述一下。

巴迪终于学会了吹泡泡，他高兴得蹦蹦跳跳。

巴迪在以前的星球从来没有看到过这样的泡泡，觉得它非常有趣，可是高兴之余，他不由得好奇：泡泡是怎么形成的呢？

魔镜提醒巴迪可以去寻求阿明老师的帮助，于是巴迪询问了阿明老师。阿明老师为巴迪和同学们讲解了泡泡形成的科学原理。

泡泡的形成是因为液体内部存在一种力量，叫作表面张力，在正常的水中这种张力过大，没办法伸展开形成泡泡，而在泡泡液中，这种张力就会变得适中，液体的拉力和空气暂时保持了平衡，于是就在空气中形成了液体的泡泡。

巴迪明白了，原来泡泡就是液体张力和空气引力暂时平衡的产物。怪不得它能飞舞在空气中。

魔镜有话说

祝贺你吹出泡泡，可以得到第一枚金盾。

第二关　配置泡泡液

巴迪从此迷上了吹泡泡，一有时间就和伙伴们一起吹泡泡，玩得不亦乐乎。但是玩着玩着，忽然泡泡吹不出来了，巴迪很着急，立刻跑去向奇奇和妙妙求助。

巴迪：不好了，不好了，泡泡消失了。

奇奇：泡泡当然会消失，这有什么奇怪的！

巴迪：我是说吹不出来泡泡了。

奇奇、妙妙：让我们看看。

经过观察，奇奇和妙妙发现瓶子里的泡泡液用完了，这可怎么办呢？大家想到了可以尝试自己配制泡泡液。但是具体该怎样制作呢？

巴迪和朋友们这下又犯难了，幸好魔镜及时给出了提示。

我听说地球人能够通过网络了解各种各样的信息，学会各种知识。巴迪，你们可以上网查资料，了解一下该怎样配置泡泡液。

巴迪和朋友们学会了使用电脑搜索资料，果然获得了很多相关知识。

巴迪：我在网上查出一种方案，可以把洗洁精、甘油、水按照1∶2∶3的比例混合搅拌，这样就能配制出泡泡液了。

奇奇：我上网查了资料，可以用胶水、水、洗涤灵、洗手液按照1∶4∶2∶2的比例混合。

妙妙：我上网查了资料，用一杯水加三分之一杯洗洁精加半勺白糖，搅拌后即可。

巴迪：为什么我们查到的资料、数据不一样呢？哪一种方案最科学？

奇奇：我想，我们可以一起做实验，看看最终的结果如何。

妙妙：对，实践是检验真理的唯一标准。

任务清单二：配置成分各异的泡泡液

	材料		水	
	用什么?	用多少?	用多少?（ml）	成功了吗?
①				
②				
③				
④				
⑤				
⑥				
⑦				
⑧				

通过实验，巴迪和同学们成功制造出了泡泡液，但是为什么这些液体混合后能吹出泡泡呢？同学们请教了阿明老师。通过阿明老师的讲解大家才明白，泡泡水的配方各式各样，但是主要的成分离不开水、表面活性剂和增厚剂。

成分一：水

泡泡水中最重要的部分，当然是水。制作泡泡水最好用蒸馏水，因为蒸馏水中没有杂质。一般来说，自来水的硬度越高，所含钙离子越多，效果越差，如果你家刚好处在水硬度很高的地区，又没有软化水装置，那还是去超市买一瓶纯净水为好。

成分二：表面活性剂

肥皂、洗洁剂这些表面活性剂都是让水起泡泡的成分，表面活性剂会将水的表面张力减弱到 1/3，这时就可以吹泡泡了。表面活性剂有很多，家里的洗面奶、洗手液、沐浴液、洗涤灵等都可以，最好的选择是一些最纯粹、简单的，比如最简单的液体肥皂、婴儿沐浴液、洗发液，这里面的添加剂比较少，没有什么香料之类的杂质。

成分三：增厚剂

其实这才是秘方，大部分人在做泡泡水的时候光顾着加洗洁剂，而不知道让泡泡变大且持久牢固的是增厚剂，它可以保证泡泡的状态稳定。增厚剂的选择也不少，比较常用的是甘油和糖浆，前者可以去药店和超市买；后者更简单，去咖啡厅拿几包免费的糖浆回来就可以了。

至于这三者的比例，可以自己来尝试，不断试错，调试不同的比例，以达到最完美的状态，这才是实验的美妙之处。

巴迪和伙伴们听了，迫不及待地想去试一试新的泡泡液好用不好用。同学们，你们是不是也想知道呢？那就自己动手配置一些不一样的泡泡液，比较一下哪种配方配制的泡泡液最好用吧！别忘了做记录哦。

完成了本关的挑战，可以获得一枚金盾！

第三关　泡泡变形记

上一次，巴迪和朋友们通过查资料，了解了泡泡液的成分，自己尝试制作了泡泡液，那么这种泡泡液是否好用呢？经过试验，他们还真的成功了，吹出了一串串大大小小的泡泡。

正当大家开心地吹泡泡时，巴迪观察到，所有的泡泡都是球形的，没有一个是别的形状，这是怎么回事呢？

巴迪：老师，为什么泡泡都是圆的，难道就不能吹出别的形状的泡泡吗？

阿明老师：小巴迪，你真棒！不仅会观察，还会思考，能提出有意义的问题。至于能不能吹出别的形状的泡泡，我们还是做个让泡泡变形的小实验吧！

奇奇：太好了，我也想知道泡泡为什么都是圆形的。

妙妙：如果能吹出三角形的、六棱形的、长方形的泡泡，该多有趣！

阿明老师：你们觉得我们应该做哪些改变，才有可能吹出其他形状的泡泡？

巴迪：改变液体的成分配制吗？

奇奇：我觉得需要改变吹泡泡的支架形状，用个三角形的支架，是不是就可以吹出三角形的泡泡了？

妙妙：我也是这么想的。

阿明老师：好的，我们就试一试改变支架吧。

巴迪和同学们找来了很多不同形状的吹泡泡支架，有方形的、三角形的、椭圆形的。请同学们也和这几位小朋友一起尝试一下吧，看看能吹出什么形状的泡泡。

任务清单三：改变支架，尝试吹出不同形状的泡泡

	支架形状	泡泡的形状
①		
②		
③		
④		
⑤		

实验结论：

通过实验，大家得出了结论，但是巴迪还是想再测试一次，证明大家的结论是正确的。于是他又拿来了从网上购买的泡泡支架进行实验。同学们，你们家里有这些工具吗？快点和巴迪一起做实验吧。

实验结论：

大家想一想，为什么会有这样的结果呢？快把你的思考说给你的科学老师或者家长听吧，说得有道理就可以获得一枚金盾哦！

第四关　挑战超大泡泡

巴迪和朋友们挑战了很多吹泡泡的方式：换不同的泡泡液、改变吹泡泡用的支架……通过实验也获得了一些有趣的发现。这让巴迪很开心，不过，巴迪的小脑袋里又冒出许多小问号。突然他有了一个新想法——能不能制造一个超大号的泡泡呢？大得能装下一只猫，或者把自己装进去，甚至把奇奇和妙妙都装进去……想到这里，他忍不住呵呵地笑了起来。

奇奇：巴迪，你在笑什么？

巴迪：我想吹出一个大泡泡，把你和妙妙都装进去！

奇奇、妙妙：哇！你真有想象力！我们可以试一下。

同学们对这个话题也都非常感兴趣，大家聚在一起讨论起来，制造超大泡泡，到底需要做哪些准备呢？

咱们可以用学过的思维图示法整理一下自己的想法。

那么，影响泡泡大小的因素到底是什么呢？是泡泡液、吸管，还是吹泡人？巴迪和同学们决定通过实验找到答案。

实验之前先学习测量的方法。

泡泡直径的测量方法：在光滑的玻璃板上慢慢吹，形成一个泡泡，并且继续吹，直到泡泡破灭，用尺子测量泡泡留在玻璃板上的泡泡环的直径。

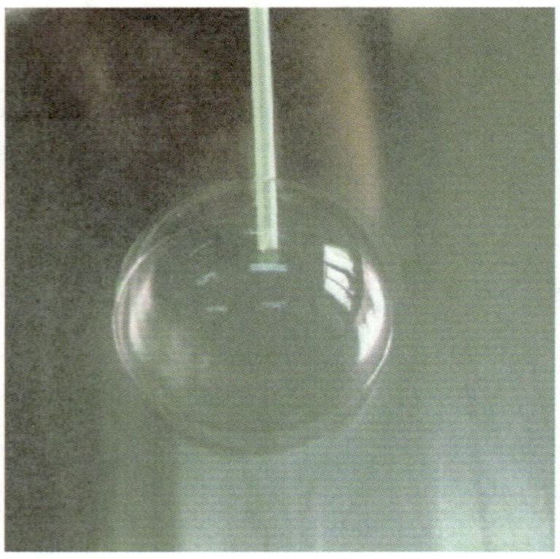

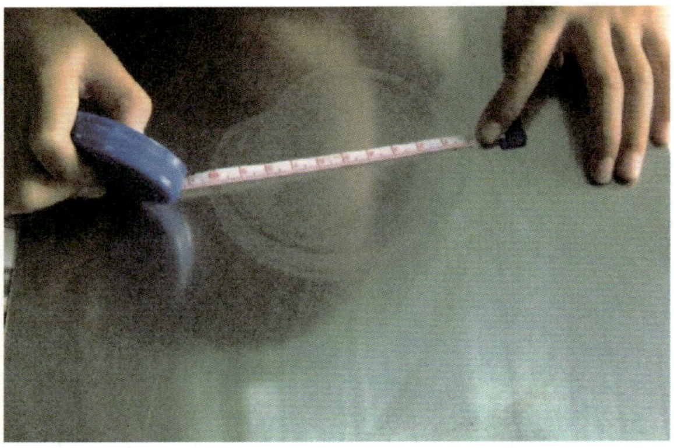

任务清单四：测试用不同吸管或者框架吹泡泡，尝试吹出大泡泡

吹泡泡工具	第一次尝试的泡泡直径（cm）	第二次尝试的泡泡直径（cm）	第三次尝试的泡泡直径（cm）
吸管			
方支架			
圆环			
三角形支架			
星形支架			
……			

实验结论：

任务清单五：吹泡技巧是否影响泡泡的大小

是不是掌握了一定的吹泡泡技巧就可以吹出超级大泡泡呢？请同学们 4 人为一个小组，使用相同的工具，每个人尝试吹 3 次泡泡，记录泡泡的直径，了解吹泡的人不同是否对泡泡大小有很大影响。

小组组员姓名	第一次尝试泡泡的直径（cm）	第二次尝试泡泡的直径（cm）	第三次尝试泡泡的直径（cm）

实验结论：

任务清单六：泡泡液不同对吹泡泡的影响

调配出不同比例的泡泡液，进行对比实验，看看哪一种能吹出更大的泡泡。根据之前学习的知识，大家认为，最有可能影响泡泡大小的因素是甘油的含量，因此大家重新配置了8种泡泡液，分别加入不同量的甘油，进行测试。

标签	加入的甘油量（ml）	泡泡直径（cm）				泡泡的平均直径（cm）
		1	2	3	4	
A	0					
B	1					
C	2					
D	3					
E	4					
F	5					
G	6					
H	7					

实验结论：

通过实验，同学们找到了影响泡泡大小的最大因素。这下，巴迪和同学们可以吹出超大的泡泡了。同学们，你们想不想也挑战一下？试一试自己能吹出的最大泡泡究竟有多大，赶快开始实验吧，别忘了填写实验记录！

我的实验记录：

完成了本关的挑战，可以获得一枚金盾！

第五关　吹出多彩的泡泡

两个月下来，巴迪和伙伴们对于泡泡制作已经非常熟悉啦。小巴迪有一项非常优秀的品质——善于观察和发现。今天，他又观察到了一个有趣的现象，那就是同学们吹出的泡泡会显示出不同的颜色。这是什么原因呢？大家先来猜一下吧，把你的猜测写在方框里。

我猜测泡泡呈现不同颜色的原因是：

那么谁的猜想是正确的呢？巴迪已经学会了用实验的方法来验证问题。请你和巴迪一起设计实验。

任务清单七：设计制作多彩泡泡实验

1. 测试周围光线的影响，实验方法是使用相同的泡泡液、支架和不同的光源。
2. 测试泡泡液的影响，使用不同成分的泡泡液，在同样的环境下吹泡泡，观察它的颜色。

任务清单八：在不同光线下吹泡泡

不同光线下的泡泡颜色对比

光源环境	泡泡的颜色
晴朗天气的阳光下	
阴天的室外	
室内 LED 护眼灯下	
室内日光灯下	
黑暗中的手电筒光照下	
……	

实验结论：不同光源对泡泡的颜色＿＿＿＿＿＿（有／没有）影响，说明泡泡的颜色＿＿＿＿＿＿＿＿＿＿＿＿＿＿＿＿。

不同光线下的泡泡颜色对比

泡泡液的成分	泡泡的颜色

实验结论：不同泡泡液对泡泡的颜色＿＿＿＿＿＿（有／没有）影响，说明泡泡的颜色＿＿＿＿＿＿＿＿＿＿＿＿＿＿＿＿。

完成了本关的全部任务，可以获得一枚金盾！

开心闯关

100

1. 同学们，你们觉得下面的器具哪些是吹泡泡必备的工具？请你选一样（　　）。

A. 筷子　B. 勺子　C. 杯子（碗、盆）　D. 叉子　E. 放大镜

2. 请你从下列物品中选出一种制作泡泡的必备材料（　　）。

A. 糖　B. 盐　C. 洗洁精　D. 面粉

3. 泡泡的大小是由（　　）决定的。

A. 吹的力气大小　B. 吸管的粗细　C. 液体的调配

4. “露似真珠月似弓。”这是《暮江吟》里的诗句，说的是露珠圆圆的，就像珍珠一样。请同学们思考一下：露珠有可能是非球形的吗？比如说金字塔形、沙漏形、正方体？

____

5. 关于吹出彩色的泡泡，下面的说法正确的是（　　）。

A. 准备彩色的泡泡液　B. 准备彩色的吹泡泡支架

C. 需要在阳光下吹泡泡　D. 需要掌握特殊的吹泡泡技能

通过实验，巴迪和伙伴们终于掌握了吹泡泡的各种知识和技能，可以通过自己学到的知识，设计出不同的泡泡液，最重要的是，巴迪学会了地球人解决科学问题的方法，那就是在遇到各种科学问题时可以靠查资料和做实验去解决。

学会了科学方法，巴迪信心大增，敢于去面对一切挑战。他相信自己一定能够集齐金盾，重返自己的家园。到时候他还要用学会的科学知识建设自己的家园。同学们，咱们一起为巴迪加油吧！

魔镜有话说

同学们，你们是怎样配置泡泡液的？又是怎样吹泡泡的？吹出的泡泡是什么样子的？

写一篇日记记录一下这次有趣的尝试吧！

参考答案：

1. C

2. C

3. B

4. 露珠的形状只能是球形的，这是由水分子之间的吸引力、水的表面张力以及大气压力造成的。

5. C

巴迪的科学探秘之旅②

蚕宝宝变形记

陈淑兰　主编
王文娟　编著

首都师范大学出版社
CAPITAL NORMAL UNIVERSITY PRESS

图书在版编目（CIP）数据

巴迪的科学探秘之旅．蚕宝宝变形记 / 陈淑兰主编 ；王文娟编著．— 北京 ：首都师范大学出版社，2023.8

ISBN 978-7-5656-7682-6

Ⅰ．①巴… Ⅱ．①陈… ②王… Ⅲ．①科学知识－少儿读物 ②养蚕－少儿读物 Ⅳ．①Z228.1 ②S883-49

中国国家版本馆 CIP 数据核字（2023）第 138022 号

BADI DE KEXUE TANMI ZHI LÜ　CANBAOBAO BIANXINGJI

巴迪的科学探秘之旅　蚕宝宝变形记

陈淑兰　主编　　王文娟　编著

责任编辑　丁燕伟

首都师范大学出版社出版发行

地　址　北京西三环北路 105 号

邮　编　100048

电　话　68418523（总编室）　68982468（发行部）

网　址　http://cnupn.cnu.edu.cn

印　刷　北京印刷集团有限责任公司

经　销　全国新华书店

版　次　2023 年 8 月第 1 版

印　次　2023 年 8 月第 1 次印刷

开　本　889mm×1194mm　1/16

印　张　19.75

字　数　216 千字

定　价　96.00 元（全八册）

本期任务：饲养蚕宝宝

目　录

巴迪前传

巴迪是来自 M 星球的小王子，因为误闯迷宫，被蓝发魔王诅咒，变成了一只袖珍小狮子。巴迪被彩虹龙卷风带到了北京西山脚下的红樱小学。除了随身携带的一面魔镜，巴迪一无所有。魔镜告诉巴迪，要想复原，并回到自己的星球，需要通过**数道难关**，集齐 **52 枚金盾**，完成对地球的科学探究。他该如何迎接重重挑战，踏上回家的路？

好在巴迪在红樱小学结识了热情好学的奇奇、妙妙两兄妹和其他师生，与他们成了知心好友。由此，他们带着魔镜踏上了神奇的科学探秘之旅。他们在学校、家庭、大自然、社会中展开了对物质科学、生命科学、地球与宇宙科学以及技术与工程方面的探究。这一路，他们将紧密合作，共同发现，大胆尝试，积极创新。如果闯关成功，小狮子巴迪就能恢复王子的样貌，从而顺利地回归自己的星球。小朋友们，你们愿意帮助巴迪完成心愿吗？快快加入我们的科学探秘行动吧！

魔镜有话说

地球上数量最多的动物群体是昆虫，昆虫种类繁多、形态各异，几乎遍布世界的每一个角落。

从今天开始，我们将一起见证蚕蛾的生长。这可是我们中国早在约4000多年前就已有记载，至少在3000年前就已经开始进行的一项伟大工程。小小的蚕宝宝蕴含着大大的能量，它将带领你领略生命的意义。本期任务就是饲养几只蚕宝宝，观察并守护它们成长，记录下它们的成长历程。

第一关　蓄能基地

巴迪：蚕宝宝长什么样？在我们的星球我从来没听说过有这样的生物。它从何而来，又该怎样饲养呢？

奇奇：没关系，我们有很多学哥、学姐都饲养过蚕宝宝，他们还成立了一个蚕宝宝研究工作室，我们可以去那里请教他们。

妙妙：让我们听听学哥、学姐在研究中都遇到了哪些问题吧！

开心闯关

- 如何分辨蚕宝宝的雌雄？
- 蚕宝宝每天什么时候拉“臭臭”？拉多少？
- 蚕宝宝喜欢生活在什么样的环境里？黑暗还是明亮，潮湿还是干燥？
- 蚕宝宝是怎样运动的？每天运动多长时间？

魔镜有话说

大家的回答基本正确。下面我给大家介绍一下蚕的生活习性。蚕是变态类昆虫，最常见的是桑蚕，又称家蚕，它是一种以桑叶为食料的吐丝结茧的经济昆虫。桑蚕起源于中国。蚕宝宝以食用桑叶为生，不断吃桑叶后身体会变成白色的，一段时间后它开始蜕皮。蜕皮需要一天的时间。此时蚕如睡觉一般，不吃也不动，这叫“休眠”。经过一次蜕皮后，蚕成为二龄幼虫。它蜕一次皮就算增加一岁，幼虫共要蜕皮四次，成为五龄幼虫，再吃 8 天桑叶后成为熟蚕，开始吐丝结茧。

巴迪：我已经了解蚕的生活习性了，还等什么？开始养蚕吧！

奇奇：别着急，光知道这些还不够，养蚕可不是一件简单的事情，那可是一个个小生命，我们必须认真对待，先准备好养蚕工具吧！

基础工具

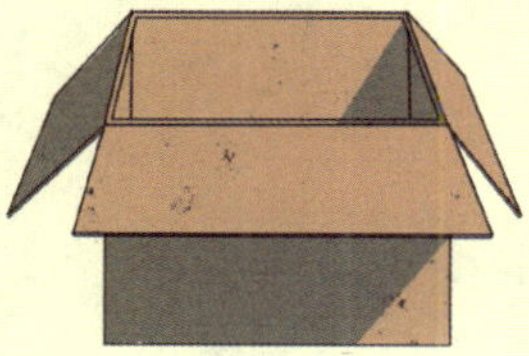

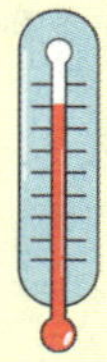

调查工具

研究工具

1. 确定研究主题：________________________

2. 研究准备：放大镜、羽毛、桑叶、小盒子、________________

____

3. 研究方法：查资料、________________________

感官观察、工具观察、对比实验________________

4. 研究过程：

（1）准备 10 条蚕，小盒若干，桑叶若干

（2）________________________

（3）________________________

（4）________________________

5. 数据收集与分析：

（1）数据收集

日期	体长	吃食	排泄	运动	其他

（2）分析归纳

____

6. 研究结果及建议：________________________

任务清单一：探究蚕宝宝能否看到物体

观察员：________________　　日期：________________

实验方法		实验现象	我的结论
实验方法一	1. 让蚕宝宝饿一天。 2. 第二天，用一小片桑叶分别相隔3cm、2cm、1cm左右，放在蚕宝宝面前。 3. 观察蚕宝宝的反应。		
实验方法二	1. 用强光照射蚕宝宝的头部。 2. 观察蚕宝宝的反应。		
实验方法三	1. 将蚕宝宝放到完全黑暗的地方。 2. 将桑叶放到距离蚕宝宝 3cm 处。 3. 观察蚕宝宝的反应。		
实验方法四	1. 将蚕宝宝与桑叶用玻璃隔开。 2. 观察蚕宝宝的反应。		

任务清单二：探究蚕宝宝是否依靠嗅觉来吃桑叶

观察员：________________　　日期：________________

实验方法		实验现象	我的结论
实验方法一	把桑叶放在饿极了的蚕宝宝的后面。		
实验方法二	1. 让蚕宝宝饿一天，然后把桑叶放在距离它 10cm 的地方。 2. 逐渐缩短桑叶与蚕宝宝的距离。 3. 观察蚕宝宝的反应。		
实验方法三	1. 把喷了香水的桑叶与正常桑叶分别放在蚕宝宝的身体两侧。 2. 观察蚕宝宝的反应。		

任务清单三：记录喂食不同食物的蚕的生长变化

观察员：________　　日期：________

时间		喂食桑叶		喂食莴苣叶	喂食蒲公英叶
		3 次 / 天	1 次 / 天	3 次 / 天	3 次 / 天
___月 ___日	长度（cm）				
	重量（mg）				
___月 ___日	长度（cm）				
	重量（mg）				
___月 ___日	长度（cm）				
	重量（mg）				
___月 ___日	长度（cm）				
	重量（mg）				
___月 ___日	长度（cm）				
	重量（mg）				
___月 ___日	长度（cm）				
	重量（mg）				

续表

<table>
<tr><td colspan="2" rowspan="2">时间</td><td colspan="2">喂食桑叶</td><td rowspan="2">喂食莴苣叶
3次/天</td><td rowspan="2">喂食蒲公英叶
3次/天</td></tr>
<tr><td>3次/天</td><td>1次/天</td></tr>
<tr><td rowspan="2">____月
____日</td><td>长度（cm）</td><td></td><td></td><td></td><td></td></tr>
<tr><td>重量（mg）</td><td></td><td></td><td></td><td></td></tr>
<tr><td rowspan="2">____月
____日</td><td>长度（cm）</td><td></td><td></td><td></td><td></td></tr>
<tr><td>重量（mg）</td><td></td><td></td><td></td><td></td></tr>
<tr><td rowspan="2">____月
____日</td><td>长度（cm）</td><td></td><td></td><td></td><td></td></tr>
<tr><td>重量（mg）</td><td></td><td></td><td></td><td></td></tr>
<tr><td rowspan="2">____月
____日</td><td>长度（cm）</td><td></td><td></td><td></td><td></td></tr>
<tr><td>重量（mg）</td><td></td><td></td><td></td><td></td></tr>
<tr><td colspan="2">经历幼虫期的天数</td><td></td><td></td><td></td><td></td></tr>
<tr><td colspan="2">我们的发现</td><td colspan="4"></td></tr>
</table>

巴迪：也许我们还可以给蚕宝宝起个名字，记录下它的腰围、食量等信息。

任务清单四：记录蚕宝宝的成长轨迹

日期（周 / 天）	姓名（编号）	体长（cm）	腰围（cm）	吃食量（g）	排泄（g）	其他

完成本关任务就可以获得金盾一枚，赶快涂上自己喜欢的颜色吧！

第二关　关于卵的发现

巴迪：快看，学哥、学姐给了我一些蚕宝宝的卵，可是这些卵怎么长得不一样啊，有黄色的，有褐色的，还有深褐色的，甚至还有透明的，到底哪个才能孵化出蚕宝宝呢？

奇奇：我猜一定是颜色浅的！

妙妙：黄色的卵最多，我猜黄色的卵一定能孵出蚕宝宝！

巴迪：一只雌蛾究竟能排出多少蚕卵呢？

奇奇：蚕卵里的小蚕宝宝需要多少天才能从壳里爬出来呢？

妙妙：你们的问题可真多，还是请魔镜来回答吧！

魔镜有话说

蚕以卵繁殖。蚕卵看上去很像细粒芝麻，直径约 1mm，厚约 0.5mm。一只雌蛾可产 400~500 粒蚕卵。1700~2000 粒蚕卵重约 1g。蚕卵的颜色，刚产下时为淡黄色或黄色，经 1~2 天变为淡赤豆色、赤豆色，再经 3~4 天后又变为灰绿色或紫色，随后便不再发生变化，固定为灰绿色或紫色。蚕卵外层是坚硬的卵壳，里面是卵黄与浆膜，受精卵中的胚胎在发育过程中不断摄取营养，逐渐发育成蚁蚕，随后从卵壳中爬出来，卵壳空了之后会变成白色或淡黄色。不同时期的蚕卵颜色不同，都能长成蚕宝宝。

任务清单五：观察蚕卵的变化，并做记录

第 1 天的蚕卵，看起来像 ________________________。

第 2 天的蚕卵，好像没什么变化，我觉得

____。

第 6 天，哼！蚕宝宝还在睡觉。

开心闯关

1. 下列说法不正确的是（　　）。

A. 蚕宝宝也叫桑蚕、家蚕。

B. 蚕宝宝是完全变态昆虫。

C. 蚕宝宝的一生会经历卵、幼虫、蛹和成虫四个阶段。

D. 中国有 2000 多年的养蚕史。

2. 古代传说中和养蚕有关的神话人物是（　　）。

A. 女娲　　B. 嫘祖

C. 夸父　　D. 盘古

3. 一只雌蛾产卵的量一般可以达到（　　）。

A.100~200 粒左右　　B.200~300 粒左右

C.300~400 粒左右　　D.400~500 粒左右

4. 蚕的一生很短暂，大概只有（　　）。

A.10~20 天　　B.20~30 天

C.30~40 天　　D.40~50 天

完成任务就可以获得金盾一枚，赶快涂上自己喜欢的颜色吧！

第三关 蚕宝宝“变身”

巴迪：快看，蚕卵变透明了，上边还出现了一个小孔！

奇奇：蚕宝宝不见了，怎么办？

妙妙：别着急，蚕宝宝已经从蚕卵中孵化出来了，看，那个黑黑的像蚂蚁一样的“小黑虫”就是蚁蚕！

巴迪：这说明蚕宝宝能动了。

魔镜有话说

蚕从蚕卵中孵化出来时，身体的颜色是褐色或黑色的，极细小，且多细毛，样子有点像蚂蚁，所以叫蚁蚕。蚁蚕长约 2mm，体宽约 0.5mm，它从卵壳中爬出来后，2~3 小时后就可以进食桑叶。

巴迪尽心尽力地照顾着蚕宝宝，可是这天他发现蚕宝宝出问题了。

巴迪：怎么办，我的蚕宝宝不吃，也不动，它是不是要死了，呜呜……

奇奇：别着急，快看看它是不是生病了。

妙妙：我们请爸爸来帮忙吧，他一定有办法！

奇奇：爸爸，爸爸，你快来看看蚕宝宝吧！

爸爸：孩子们先别着急，我先来考考你们，你们知道蚕宝宝会不断长大，但是它们会经历几个阶段才能长大呢？

A. 3 个阶段　　B. 4 个阶段　　C. 5 个阶段

巴迪：我选 A。

奇奇：我选 B。

妙妙：我选 C。

爸爸：妙妙选对了，答案就是 C。蚕宝宝的成长分为 5 个阶段：从蚁蚕到第一次蜕皮为第一龄；眠起后进入第二龄；再次蜕皮后进入第三龄；第三次蜕皮后进入第四龄；第四次蜕皮又称大眠，大眠后就进入第五龄；五龄的蚕宝宝长得极快，体长可达 6~7cm，体重可达蚁蚕重量的 1 万倍左右。每阶段的时间大约是一龄 4~5 天，二龄 3~4 天，三龄 4 天，四龄 6 天，五龄 7~9 天。

最适宜蚕宝宝生活的温度：23~25℃。

巴迪：可是我的蚕还是不吃也不动啊！

爸爸：别着急，不吃不动是好事，说明你的蚕长大了，要蜕变了！蚕宝宝的食桑量极大，因此，它长得很快，体色也会逐渐变淡。如果它的食欲逐渐地有所减退乃至完全禁食，并吐出少量的丝，将腹足固定，头胸部昂起，不再运动，好像睡着了一样，这个阶段就被称作“眠”。眠中的蚕，外表看似静止不动，体内却进行着蜕皮的准备，蜕去旧皮之后，蚕的生长就会进入一个新的龄期。从蚁蚕到吐丝结茧共蜕皮 4 次。具有眠性是蚕的生长特性之一，眠性是蚕的遗传性状，同时也受环境的影响。目前我国饲养的蚕属四眠性品种。

任务清单六：请用图画或文字记录蚕宝宝“眠”和蜕皮的样子

奇奇：今天我的蚕宝宝第一次蜕皮，会从哪里先开始呢？

妙妙：爸爸说，蚕宝宝的一生可是要经历 4 次蜕皮的哟，请你千万别错过，快来帮它记录一下吧！

任务清单七：用相机记录蚕宝宝的日常生活

奇奇：不知不觉，我们的蚕宝宝发生了很多变化，而且变化很快，我做记录都快要忙不过来了！

巴迪：你可以用相机拍下蚕宝宝的变化，还可以录下它们吃食、排泄、运动的样子哦！

任务清单八：帮助蚕宝宝解决桑叶危机

奇奇：糟糕！很多同学都说他们的蚕宝宝没有桑叶吃啦！

妙妙：大家一起想办法。

奇奇：我们可以利用课余时间考察一下周边的环境，选择一个可以采集桑叶的地方。

妙妙：我们如何考察周边环境？

巴迪：需要携带哪些工具？

妙妙：怎样采集才能既收获桑叶又不伤害桑树？

奇奇：桑树那么高，怎样保证采集过程中的安全呢？

巴迪：我们可以收集一些废旧物品，在小区中进行义卖活动，用义卖得到的钱购买桑叶。

妙妙：为什么蚕宝宝吐出的丝有金色，还有粉红色的？会不会和它们的食物有关系呢？它们吃的是什么呢？为什么会产生这样的现象？

完成本关任务就可以获得金盾一枚，赶快涂上自己喜欢的颜色吧！

奇奇：我发现从一龄到五龄，蚕宝宝长得可真快呀！

妙妙：不要光感叹，我们可以将它们的生长变化记录下来。

巴迪：可以用柱形图来记录！

柱形图，又称长条图、柱状统计图，是一种以长方形的长度为变量的统计图表。长条图用来比较两个或两个以上的价值（不同时间或者不同条件），只有一个变量，通常适用于较小的数据集分析。

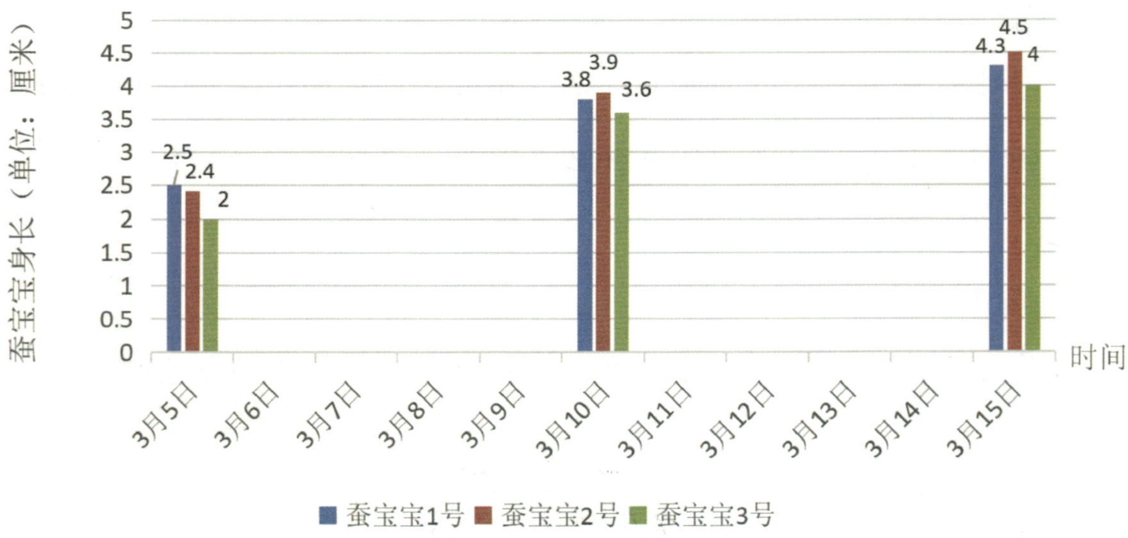

蚕宝宝身长记录

第四关　“消失”的蚕宝宝

奇奇：咦，蚕宝宝怎么不见了！它是不是去旅行了？

巴迪：是不是偷偷溜出去玩了？

妙妙：才不是呢，蚕宝宝已经变身啦，蚕宝宝躲起来就是要准备干一番大事业呢！

巴迪：同学们，你们知道蚕宝宝躲到哪里去了吗？

爸爸：其实，到了这个时候，蚕宝宝早已经不是宝宝了。它现在已经走到暮年，处于五龄末期，已逐渐体现出老熟的特征：先是排出的粪便由硬变软，由墨绿色变成叶绿色；食欲减退，食桑量下降；前部消化管空虚，胸部呈透明状；继而完全停食，体躯缩短，腹部也趋向透明，蚕体头胸部昂起，口吐丝缕，左右上下摆动寻找营茧场所，这样的蚕就被称为熟蚕。人们把熟蚕放在特制的容器中或蔟具上，蚕便开始吐丝结茧了。

奇奇：原来蚕宝宝是躲到自己的新家里去了，不过这个跟蚕宝宝像，又不像的胖家伙是谁啊？

妙妙：这是蚕茧啊！

巴迪：看上去像个小鸡蛋啊！蚕宝宝是睡在里面吗？

奇奇、妙妙：嘘！小点声！别吵它睡觉！

任务清单九：比较蚕宝宝（蚕的幼虫）和蚕蛹的区别

蚕蛹

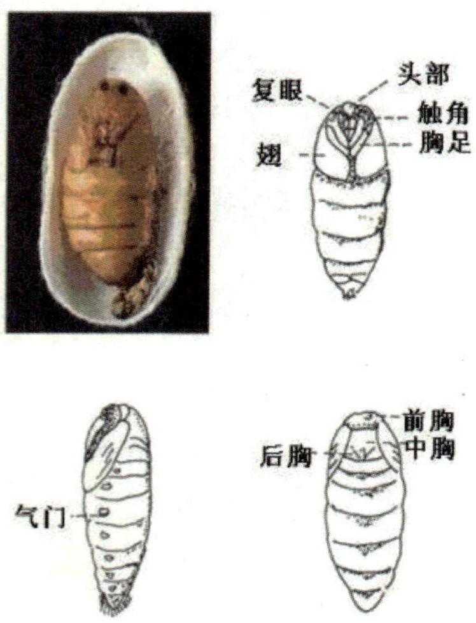

蚕宝宝（蚕的幼虫）

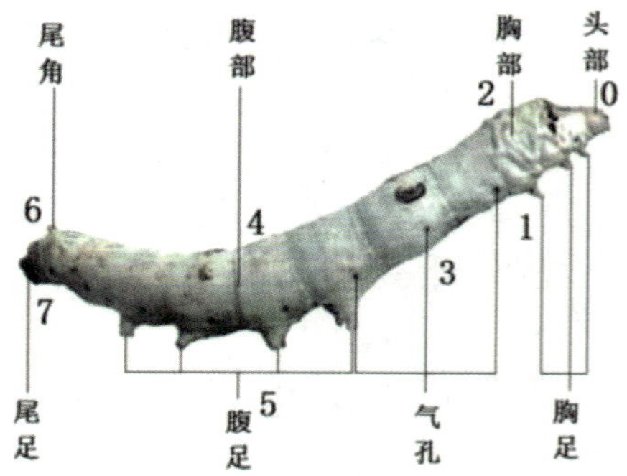

完成任务就可以获得一枚金盾，赶快涂上自己喜欢的颜色吧！

蚕结茧可分为四个过程：

1. 结制茧网。

2. 结制茧衣。

3. 结制茧层。

4. 结制蛹衬。

蚕上蔟结茧后经过 4 天左右，就会变成蛹。蚕蛹的体形像一个纺锤，分头、胸、腹三个体段。头部很小，长有复眼和触角；胸部长有胸足和翅；鼓鼓的腹部长有 9 个体节。专业工作者能够从蚕蛹腹部的线纹和褐色小点来判别雌雄。蚕刚化蛹时，体色是淡黄色的，蛹体嫩软，渐渐地就会变成黄色、黄褐色或褐色，蛹皮也硬起来了。经过大约 12~15 天，当蛹体又开始变软，蛹皮有点起皱并呈土褐色时，它就要变成蛾了。

妙妙：蚕宝宝什么时候才能从蚕茧里钻出来呢？

巴迪：哎呀，蚕茧里面是空的，蚕宝宝又不见了！我们该到哪里去找它？

爸爸：蚕宝宝已经变形，从蚕茧里飞出来了。

奇奇：飞出来？那么它还会吐丝吗？或者它是去给自己找新家了？

妙妙：快来看，这是什么？

爸爸：这就是蚕蛾！蚕蛾的形状像蝴蝶，全身披着白色鳞毛，但由于两对翅膀太小，已失去飞翔能力。蚕蛾的头部呈小球状，长有鼓起的复眼和触角；胸部长有 3 对胸足及 2 对翅；腹部没有腹足。雌蛾体型偏大，爬动很慢；雄蛾体型较小，爬动较快。

巴迪：大家看，蛾子的翅膀在振动。

爸爸：它是在寻找配偶呢。找到雌蛾进行交尾后，雌蛾一个晚上就会产下约 500 个受精卵。

奇奇：蚕宝宝的妈妈真了不起！

爸爸：是啊！蚕产卵后不久就会慢慢死去。

妙妙：小蚕宝宝真可怜！这么小就没有妈妈了。

巴迪：我们可以给它们当妈妈啊！可是，我也分不清蚕宝宝甚至蚕蛾的雌雄啊！

魔镜有话说

如何区分蚕宝宝、蚕蛹以及蚕蛾是雌，还是雄呢？

让我们一起来看看蚕宝宝、蚕蛹、蚕蛾身体上都有哪些特征吧！

蚕形态	性别	主要特征
蚕宝宝（蚕幼虫）	雄性	第九节腹面中央有一个透明小点
	雌性	第八和第九节腹面有四个透明小点
蚕蛹	雄性	腹部第九节腹面中央，有一对小凸起。且有一个 × 样符号
	雌性	腹部第八和第九节腹面中央，有一条直线
蚕蛾	雄性	1. 触角呈黑色，较雌蛾长 2. 体小，爬动较快，翅膀可飞快地振动 3. 生殖器部位有成对的抱握器
	雌性	1. 触角呈灰色，较短 2. 体大，爬动慢 3. 交配孔附近有一片黑色骨板

奇奇：分辨蚕蛹的雌雄较幼虫期更为简单，不过需要对蚕茧进行破坏，蚕的生长环节也会被打断，所以一般不要这样做哦。

妙妙：其实等雌雄蚕蛾自行交尾完毕分开后，再去鉴别最为简单。你想到怎么鉴别了吗？

巴迪：蚕的一生就这样结束了，我真舍不得和它说再见，呜呜呜……

奇奇：别伤心，虽然蚕的一生结束了，但是其意义很重大！

妙妙：我们不仅学会了养蚕，还了解到它用两天两夜吐出长达 1500m 左右的丝。蚕宝宝的毅力让人敬佩。

想必你还有更多的感触和想法，同时，也希望你能帮助其他蚕宝宝探险家们总结一些方法、经验，提出一些建议，以便帮助他们更好地完成对蚕宝宝的探险之旅，快快将它们写下来吧！

任务清单十：总结养蚕的方法与经验

关于观察工具的建议	
关于记录方法的建议	
关于饲养及研究方法的建议	
我的感受及其他	

完成任务就可以获得金盾一枚，赶快涂上自己喜欢的颜色吧！

第五关　小蚕宝大贡献

魔镜有话说

蚕宝宝的能量可远比你们想象的要大得多，蚕丝还能做布料，不信，你们看！

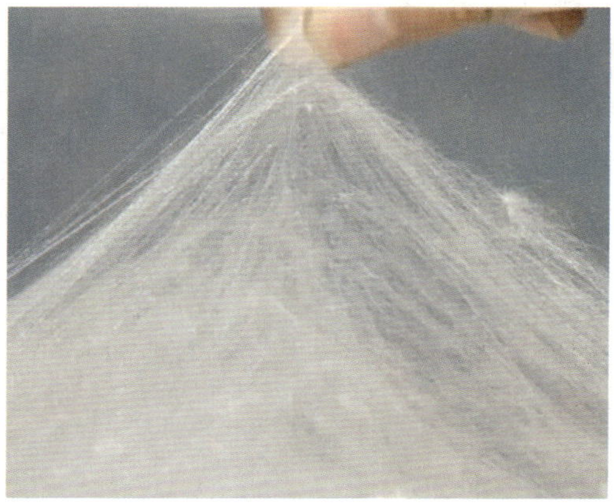

巴迪：我知道蚕宝宝会吐丝，但是一个蚕茧有多重，我就不知道了。

要用热水多泡一会儿。

可以用竹签挑出丝头。

奇奇：大家也来试试抽丝吧，可以请爸爸妈妈协助，效率会更高哦！

妙妙：这么多好看的布，是怎么织出来的呢？我们能学习织布吗？

巴迪：太有趣了，我也要织布！

奇奇：织布机是怎样工作的？它有着怎样的结构，有哪些优点和缺点呢？

爸爸：我看你们还是先上网查查资料，了解一下织布机的工作原理吧！

中国是世界上四大文明古国之一，早在新石器时代就已经出现了原始织机。

纺织织机根据引纬方式分为两大类：一类是用传统的梭子作引纬器，称之为有梭织机；另一类是由新型引纬器（或引纬介质）直接在固定筒子上将纬纱引入梭口的织机，称为无梭织机。

自有梭织机问世到现在已有近300年的历史，至今在世界织机总数中仍占大多数。有梭织机是利用梭子来入纬的，它对布边的处理过程是边经与纬纱按边组织要求进行交织，利用纬纱来去的回折点钩紧边经纱，织成俗称“光边”的布边。

奇奇：了解了织布机的原理，我就可以大显身手啦，我要织布！

妙妙：别着急，你知道织布的顺序吗，先放什么，后放什么？

魔镜有话说

手织布的织造工艺极为复杂，从采棉纺线到上机织布经轧花、弹花、纺线、打线、浆染、沌线、落线、经线、刷线等大小72道工序，全部采用纯手工工艺。手织布的图案丰富，可以从22种色线变幻出1990多种绚丽多彩的图案，其图案意境，就是靠各种色线交织出各色几何图形来体现的。每道工序、每件产品都包含着繁复的劳动，工艺令人叹为观止。在纺织技术飞速发展的今天，手织布工艺流传至今，仍受世人喜爱，堪称奇迹。

任务清单十一：思考传统手工织布和现代机器织布的优点和不足

传统手工织布	现代机器织布

完成任务就可以获得金盾一枚，赶快涂上自己喜欢的颜色吧！

校服的秘密

巴迪很喜欢红樱小学的校服，他觉得这身校服穿起来既漂亮又舒服，可是校服是用什么布料做的呢？巴迪很好奇。

巴迪：我们的校服采用了哪些布料？它有什么特点？

奇奇：当然是用布做的啦，这还用说！

妙妙：布料的种类可丰富了，用蚕宝宝吐出的丝织成的布料是丝绸，用棉线纺织做成的就是纯棉布。总之，布料还有很多种类呢！

奇奇、妙妙：哇！我们都分不清呢！

爸爸：下面的布料，你们认识几种？

（1）

（2）

（3）

（4）

（5）

（6）

巴迪：这些布看起来有的薄，有的厚；有的轻，有的沉；有的光滑，有的粗糙……

奇奇：有的适合做夏天的衣服，有的适合做冬天的衣服。

妙妙：有的颜色深，有的颜色浅。

爸爸：你们都很会观察，可是你们知道布料有哪些特征吗？［厚薄、轻重、颜色、纹理、特性（包括吸水性、韧性）］

1. 布料从织造方式上可以分为梭织布和针织布两大类。

2. 布料从加工工艺上可以分为坯布、漂白布、染色布、印花布、色织布、混合工艺布（如在色织布上印花、复合布、植绒布、仿皮毛布）等。

3. 布料按原材料来划分可以分为棉布、化纤布、麻布、毛纺布、丝绸及混纺织物等。

妙妙：校服的布料是怎样编织的？不同的编织方法又有哪些不同？

爸爸：你可以尝试拆分布块边缘的线，探究校服线绳的粗细程度。

任务清单十二：将平纹编织和斜纹编织进行比较

	平纹编织	斜纹编织
画一画	经纱和纬纱每隔一根纱就交织一次 	对角线编织或斜纹纹理编织 
线绳粗细 与优点		

奇奇：我们的校服适合使用什么布？不同季节的校服都是用什么材料制作的？

爸爸：不同季节，天气不同，当然要采用不同材料的布来制作校服了。通常我们制作校服，不管是夏季校服还是冬季校服，首先会选择柔软的面料来制作。

巴迪：哪一种面料更柔软呢？

奇奇、妙妙：我们做个小实验吧！

任务清单十三：比较哪种材料既柔软又舒适

	麻（含木纤维较多）	亮晶晶的布（含金属丝）	塑料布	棉	莫代尔	羊毛
手指在上面滑动						
我们的发现						

妙妙：你能尝试调查不同布料的保暖情况吗？你觉得可以怎样调查？

巴迪：我刚认识了来学校参观的北极熊村长，他生活在北极，还有生活在森林中的梅花鹿，他们对服装的保温性要求可能不太一样，为他们设计服装，该怎样进行服装布料的选择呢？

奇奇：布料的保温性和什么有关系呢？

爸爸：大家可以在查阅资料后进行交流。

妙妙：我们可以利用传感器感知不同布料的吸热能力！

巴迪：真的吗？我想做个实验！

任务清单十四：研究小蚕宝的其他贡献

了解了织布的过程、校服布料的选择以及编织方法后，你们有没有想过，服装材料也能附加高科技？让我们一起研究一下冬奥健儿的运动服装吧，一定会让你大吃一惊！

冬奥会会服采用的保温材料——聚热棉，储热层采用远红外加热，可以让工作人员在零下20℃室外快速感受温暖体验；保温层阻挡外界低温侵入，热量流失降低20%左右，可锁住温度，高效保暖。

获得诺贝尔奖的新材料石墨烯被称为“黑金”，新一代石墨烯纺织保温材料的远红外发射率为88%，保暖率可达85.3%。作为迄今为止发现的最薄、最强的导电和导热性能的新型纳米材料，科学家甚至预测石墨烯将“彻底改变21世纪”。

请你从新材料角度设计一款未来的服装，说说它的功能。

你们一定想不到，蚕丝不仅可用于制作服装面料，还能用于国防科技。有一种反坦克导弹上的制导导线就是由江浙一带出产的蚕丝制成的。因为只有这种蚕丝足够轻，足够细，足够柔韧。

完成任务就可以获得金盾一枚，赶快涂上自己喜欢的颜色吧！

第六关　通往未来的神秘之路

巴迪：我听别人说中国是丝绸的故乡，两千多年前就形成了丝绸之路。

奇奇：“丝绸之路”是由于中国在古代输出丝绸而得名。提到丝绸之路，就不得不说说这些由丝线制成的布料了，让我们走进布料博物馆，去了解纺织布料的起源吧！

妙妙：关于丝绸之路，我有好多问题呢！

爸爸：古代有丝绸之路，今天有“一带一路”，它们都是中国联系全世界的纽带。

请你查阅资料，绘制古代丝绸之路的路线图。

魔镜有话说

陆上丝绸之路起源于西汉（公元前202年—公元8年），是汉武帝派张骞出使西域开辟的以都城长安（今西安）为起点，经甘肃、新疆，到中亚、西亚，并连接地中海各国的陆上通道。东汉时期丝绸之路的起点在洛阳。它最初的作用是运输中国古代出产的丝绸，在明朝时期成为综合贸易之路。

“海上丝绸之路”是古代中国与外国交通贸易和文化交往的海上通道，该路主要以南海为中心，所以又称南海丝绸之路。海上丝绸之路形成于秦汉时期，发展于三国至隋朝时期，繁荣于唐、宋、元、明时期，是全世界已知的最为古老的海上航线。

奇奇：丝绸之路的产生和它的地理位置有关系吗？大家认为丝绸之路能为我们带来什么呢？

妙妙：我听说还有一条现代丝绸之路，对我们的生活有哪些影响呢？

魔镜有话说

丝绸之路经济带，是在古丝绸之路概念基础上形成的一个新的经济发展区域。包括西北五省、自治区陕西、甘肃、青海、宁夏、新疆，西南四省、自治区、市重庆、四川、云南、广西。这一概念是2013年，由中国国家主席习近平在哈萨克斯坦纳扎尔巴耶夫大学演讲时提出的。

丝绸之路经济带，东边牵着亚太经济圈，西边系着发达的欧洲经济圈，被认为是“世界上最长、最具有发展潜力的经济大走廊”。

丝绸之路经济带地域辽阔，有丰富的自然资源、矿产资源、能源资源、土地资源和宝贵的旅游资源，被称为21世纪的战略能源和资源基地。

2013年11月，中共十八届三中全会通过《中共中央关于全面深化改革若干重大问题的决定》，明确推进丝绸之路经济带、海上丝绸之路建设，以形成全方位开放新格局。由此，“丝绸之路经济带”建设在内政外交中均确立为中国实现下一阶段发展的重大国家战略。

开心闯关

1. 下列说法不正确的是（　　）。

A. 古代的丝绸之路包括陆地和海上两条线路。

B. 陆上丝绸之路形成的时间是公元后 200 年。

C. 陆上丝绸之路于 2014 年入选世界文化遗产名录。

D. 陆上丝绸之路是中西沟通的渠道，也是中西文化的桥梁。

2. 今天你沿着“陆上丝绸之路”的路线走，不会经过的国家是（　　）。

A. 土耳其　　B. 美国　　C. 哈萨克斯坦　　D. 俄罗斯

3. 现代“海上丝绸之路”的起点应该在（　　）。

A. 广州　　B. 厦门　　C. 泉州　　D. 福州

4. 如果巴迪重走西域的丝绸之路，你觉得他回来时送给奇奇和妙妙的伴手礼可能是（　　）。（多选）

A. 丝绸　　B. 珠宝　　C. 香料　　D. 奇珍异果

5. 如果你穿越回到汉朝，发现汉武帝正在命令一个人打通西域线路，你觉得接受任务的那个人应该是（　　）。

A. 班超　　B. 甘英　　C. 张骞　　D. 苏武

巴迪：想不到小小的蚕宝宝居然有这么大的能量，它们不仅有着顽强的生命力，还对国家经济、政治的发展做出了贡献。

奇奇、妙妙：同学们，我们该向蚕宝宝学什么呢？

完成任务就可以获得金盾一枚，赶快涂上自己喜欢的颜色吧！

第二关“开心闯关”参考答案：

1.D　　2.B　　3.D　　4.D

第六关　“开心闯关”参考答案：

1.B　　2.B　　3.C　　4.BCD　　5.C

巴迪的科学探秘之旅③

五彩椒成长记

陈淑兰　主编
陈　琪　编著

首都师范大学出版社
CAPITAL NORMAL UNIVERSITY PRESS

图书在版编目（CIP）数据

巴迪的科学探秘之旅．五彩椒成长记 / 陈淑兰主编 ；陈琪编著．— 北京 ：首都师范大学出版社，2023.8

ISBN 978-7-5656-7682-6

Ⅰ．①巴… Ⅱ．①陈… ②陈… Ⅲ．①科学知识—少儿读物②甜辣椒—蔬菜园艺—少儿读物 Ⅳ．① Z228.1 ② S641.3-49

中国国家版本馆 CIP 数据核字 (2023) 第 138076 号

BADI DE KEXUE TANMI ZHI LÜ WUCAIJIAO CHENGZHANGJI

巴迪的科学探秘之旅　五彩椒成长记

陈淑兰　主编　　陈琪　编著

责任编辑　丁燕伟

首都师范大学出版社出版发行

地　址　北京西三环北路 105 号

邮　编　100048

电　话　68418523（总编室）　68982468（发行部）

网　址　http://cnupn.cnu.edu.cn

印　刷　北京印刷集团有限责任公司

经　销　全国新华书店

版　次　2023 年 8 月第 1 版

印　次　2023 年 8 月第 1 次印刷

开　本　889mm×1194mm　1/16

印　张　19.75

字　数　216 千字

定　价　96.00 元（全八册）

本期任务：探究五彩椒的生长历程

目　录

巴迪前传

巴迪是来自 M 星球的小王子，因为误闯迷宫，被蓝发魔王诅咒，变成了一只袖珍小狮子。巴迪被彩虹龙卷风带到了北京西山脚下的红樱小学。除了随身携带的一面魔镜，巴迪一无所有。魔镜告诉巴迪，要想复原，并回到自己的星球，需要通过**数道难关**，集齐 **52 枚金盾**，完成对地球的科学探究。他该如何迎接重重挑战，踏上回家的路？

好在巴迪在红樱小学结识了热情好学的奇奇、妙妙两兄妹和其他师生，与他们成了知心好友。由此，他们带着魔镜踏上了神奇的科学探秘之旅。他们在学校、家庭、大自然、社会中展开了对物质科学、生命科学、地球与宇宙科学以及技术与工程方面的探究。这一路，他们将紧密合作，共同发现，大胆尝试，积极创新。如果闯关成功，小狮子巴迪就能恢复王子的样貌，从而顺利地回归自己的星球。小朋友们，你们愿意帮助巴迪完成心愿吗？快快加入我们的科学探秘行动吧！

第一站　出发站

巴迪：植物生长需要哪些条件？在我们的星球没有植物，我很难想象该如何把这么小的种子变成结出果实的植物。

奇奇：没关系，我们种植社的同学会帮助你完成任务的。我记得他们曾经说过，植物是生物，它和动物一样有生命，也有一定的生存需求。植物的生长需要水、阳光、空气、适宜的温度和养分，没有这些条件，植物将无法生存。

妙妙：我们需要回答问题，换取五彩椒种子。现在还是先收集一些关于五彩椒的知识吧。

魔镜有话说

你们几个都没有种植植物的经验，需要学习相关的知识。你们知道该怎样获取关于五彩椒种植的知识吗？

奇奇：我想上网查资料。

妙妙：我想回家问问姥姥，姥姥种过很多植物，她一定有经验。

巴迪：我觉得可以去图书馆看关于植物的书籍。

任务清单一：给五彩椒宝宝办身份证

植物王国正在进行人口普查，五彩椒宝宝还没有办身份证呢！根据大家此前搜集的信息，你们快点去协助五彩椒宝宝办理一张身份证吧！

奇奇：我上网了解到五彩椒是辣椒中的珍品，也是一种优良的盆栽观赏花卉。一株果实有绿、黄、白、紫、红五色，鲜艳夺目，点缀于绿叶之中，玲珑可爱。植株高约 50cm，每株产果最多可达 250 个，集食用、药用、观赏于一身，辣味素含量是普通辣椒的 10 倍。

妙妙：我也按照国际通用的植物学分类方法——“界门纲目科属种”，给五彩椒制作了一个分类图。大家一起看看吧！

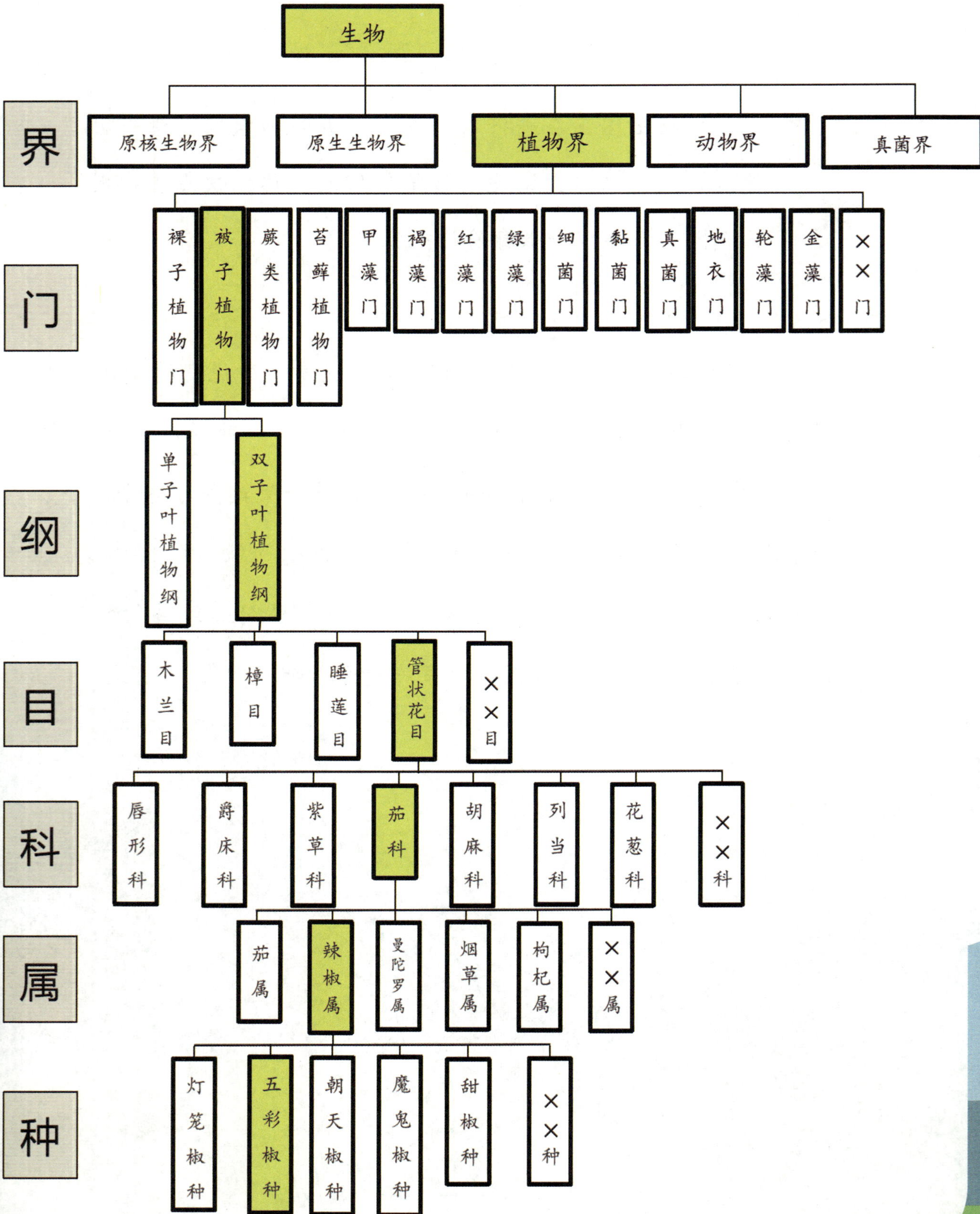
生物
界
原核生物界
原生生物界
植物界
动物界
真菌界
门
裸子植物门
被子植物门
蕨类植物门
苔藓植物门
甲藻门
褐藻门
红藻门
绿藻门
细菌门
黏菌门
真菌门
地衣门
轮藻门
金藻门
××门
纲
单子叶植物纲
双子叶植物纲
目
木兰目
樟目
睡莲目
管状花目
××目
科
唇形科
爵床科
紫草科
茄科
胡麻科
列当科
花葱科
××科
属
茄属
辣椒属
曼陀罗属
烟草属
枸杞属
××属
种
灯笼椒种
五彩椒种
朝天椒种
魔鬼椒种
甜椒种
××种

开心闯关

1. 最适于五彩椒生长的温度是（　　　）。

A.5°C以下　　B.20°C左右　　C.25°C ~30°C　　D. 35°C以上

2. 种植五彩椒最适合用（　　　）。

A. 沙质土　　B. 腐叶土　　C. 泥炭土　　D. 松针土

3. 五彩椒喜欢的生长环境是（　　　）的。

A. 有阳光且潮湿　　B. 没有阳光且潮湿　　C. 有阳光且干燥

4. 盆栽五彩椒最好在（　　　）。

A.3~4 月　　B.6~7 月　　C.9~10 月

5. 五彩椒的原籍是（　　　）。

A. 非洲　　B. 欧洲　　C. 亚洲　　D. 南美洲

祝贺你们答对了全部题目，成功为五彩椒宝宝办理了身份证，获得了第一枚金盾，请你给金盾涂上颜色。现在你们就可以把五彩椒宝宝带回家，陪伴它成长了。

第二站　播种站

巴迪：五彩椒的种子真漂亮，圆圆的，薄薄的，呈现淡淡的黄色。什么时候才能开始种五彩椒啊？我都等不及了！

巴迪你别急，让五彩椒种子萌发要等天气暖和才可以。你们知道种植五彩椒要注意什么吗？

巴迪：我看了《植物大百科》，知道植物的一生要经历种子萌发、幼苗生长发育、植物开花结果以及衰败、死亡等几个过程。我们的五彩椒宝宝现在就处于第一阶段。

奇奇：我上网查了资料，知道3月下旬、4月上旬正是播种五彩椒最好的时间段。

妙妙：姥姥告诉我，在播种之前要先用温水浸泡种子，等种子露出白色的芽尖才能播种。这样播种，五彩椒成活率更高。

要想种子长得好，最好提前泡一泡。请准备以下物品，开始“催芽”：盒子、纸巾、水、种子、自封袋（或薄膜），纸巾用普通的卫生纸即可，不要用有香味的纸巾。下面请种植社的阿明老师来教你们催芽吧！

阿明老师：请阅读《催芽秘籍》后操作，别忘了记录催芽的日期，今天是（　　）月（　　）日。

催芽秘籍

将种子浸入55℃的水中，随时搅拌，温度下降至30℃时为止，继续浸种，浸种的时间大致是3~4小时。捞出沥干，以湿纸巾或湿纱布包裹催芽，室内温度以25~30℃为宜，每天注意淋水保持湿润，经过3~4天种子就发芽了，当大部分种子微露芽（指胚根）时，就可播种了。

任务清单二：给五彩椒宝宝画一张萌芽照

巴迪：大家快来看呀！大多数五彩椒宝宝都出芽了。

妙妙：今天是（　　）月（　　）日，是催芽后的第（　　）天！

奇奇：咱们给萌发的五彩椒宝宝画张像吧，也可以拍张写真照片，挑一个长得最胖的，来个特写镜头！

巴迪：这些白白的小芽，长大了会变成五彩椒的哪个部位呢？我猜是茎，因为它直直的，像茎的形状。

妙妙：我猜是根，因为植物应该最先长根，这样才能吸收营养。

奇奇：我猜是叶。看上去就像一片小叶子。

同学们，请你也来发表意见吧，你认为五彩椒种子长出的小白芽是植物的（　　）。

A. 根　　B. 茎　　C. 叶

任务清单三：做个种植杯

五彩椒宝宝萌发的芽到底会长成什么样子？因为种子被掩埋在土壤中，我们很难观察到它的生长变化过程。别着急，我们可以做一个种植杯，利用种植杯来观察种子生长变化的过程。

阿明老师：需要的材料有透明的塑料或玻璃杯子、卫生纸。透明的杯子可以帮助我们清楚地看到种子的变化过程，再准备一些土壤和几粒蚕豆种子。用蚕豆种子代替五彩椒种子，是因为蚕豆种子比较大，便于观察种子萌发的过程。

①取一部分卫生纸沿着杯子内壁放好。

②在杯子内壁和卫生纸的夹缝中塞入种子。

③再在杯子中间塞一些卫生纸，加入适量的水使纸保持湿润。

④将杯子放在温暖的地方，每个种植杯中可以放入 4 粒种子，再将种子朝向不同的方向，这样就能观察种子在萌发过程中会不会有什么不同。最后还要记得给每粒种子编号，以方便记录。

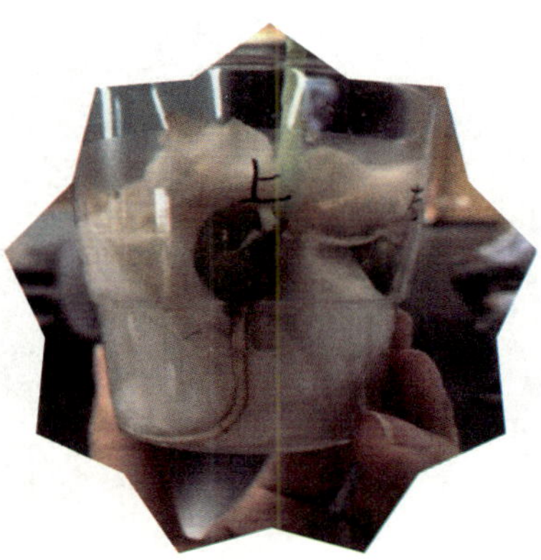

巴迪：我发现了，最早长出来的是植物的根！植物宝宝居然不靠土壤也可以长出根和幼苗！

阿明老师：种子的萌发有水和适合的温度就够了。这些小芽被叫作胚根，以后它会发育成植物的根。根可以帮助幼苗从土壤里汲取营养，及时破土而出。在种子萌发阶段，子叶中的营养足以支持胚根的生长，但是要想长出真叶，没有土壤提供营养是不行的。

奇奇：紧急情况！紧急情况！种子露芽后要尽快播种。咱们要赶紧给五彩椒宝宝打造一个舒适的家。

奇奇：书上说，种植五彩椒对土壤的要求并不高，但最好是疏松透气，保水、保肥力强，排水好，弱酸性的土壤。

妙妙：姥姥说再准备一些碎石子、喷壶和保鲜膜。

巴迪：我都准备好了，阿明老师在哪儿？您快来教教我们怎么播种吧！

阿明老师：《播种秘籍》到！请根据流程图完成播种，最好早上进行。别忘记记录一下，今天是（　　）月（　　）日。

1

备土：市面上出售的优质土，包装上注有“适合作物”，要注意看土壤配比：

园田土∶草炭土∶蛭石∶沙子=3∶3∶2∶2

2

备盆：陶盆底部垫入一层碎石子，覆盖住排水孔，保持排水通畅。

把营养土放入盆里，七八分满，轻轻按压，平整土面。

3

播种：种子间隔2~3cm距离撒在土上，点坑的话最好每个坑里放两粒种子。

4

覆土：均匀地撒上0.5~1.0cm厚的过筛细土或细沙土，看不到种子即可。

5

浇水：播好种后喷洒浇水。第一次浇水要浇透，以后土壤潮湿即可。

6

覆膜：用塑料袋或者保鲜膜盖住花盆，置于通风处，避免阳光直射。

孩子们，播种后的环境温度最重要，最适合五彩椒宝宝发芽的温度是15~20℃。此外，要及时给土壤补充水分，以保持湿度，如果营养土表面干了，可以用喷壶喷一喷，让土壤保持潮湿即可。发芽期要尽量促使种子迅速出土，否则五彩椒幼苗的生长就会受挫。

完成本站任务即可获得第二枚金盾。

第三站　育苗站

巴迪：出土啦！出土啦！幼苗出土啦！

奇奇：快记下来，今天是（　　）月（　　）日。算一算，这是播种后的第（　　　）天，五彩椒幼苗从土里长出来了。

阿明老师：恭喜大家，现在五彩椒正式进入育苗期。从现在开始，五彩椒宝宝就正式进入生长阶段了。你们看，种子萌发最先长出子叶，然后才长出真叶。但是我们不能保留每一根小苗，一般规格20cm×25cm的花盆最好每盆种两三株小苗。所以在幼苗长出两三片真叶时要移植多余的小苗，避免它们互相争抢营养。

妙妙：我知道，姥姥说过，这叫“间苗”。但是我们应该留下什么样的小苗呢？

奇奇：我们要留下壮苗。也就是长得茎粗壮，节间短，叶片厚而大，叶色正常，植株生长整齐的小苗。间苗后，要浇水，防止留下的苗根系受影响，也可在间苗后培土。

巴迪：养大五彩椒宝宝真不是一件简单的事情，我想多了解一些知识，帮助五彩椒的小苗健康成长！

哈哈哈，巴迪别着急，魔镜来帮你。五彩椒的生长周期很长，我们要在萌芽期、生长期、繁殖期、死亡期好好照顾它们，并记录它们萌发、长叶、分枝、开花、结果、枯萎等重要的变化。请你尝试闯关，完成任务即可获得《五彩椒宝宝变化日记本》。

开心闯关

1. 夏季最好的浇水时间是（　　）。

A. 早上　　B. 中午和晚上　　C. 傍晚　　D. 随时都可以

2. 下面哪些措施会影响五彩椒的小苗长得更健壮（　　）。

A. 放到阳光下　　B. 关上门窗

3. 五彩椒苗期浇水的原则是（　　）。

A. 小水勤浇，保持土壤湿润　　B. 大量浇水，每天 3 次

4. 五彩椒的苗期对松土的要求是（　　）。

A. 用工具把 2~3cm 表土弄疏松　　B. 不用松土

5. 五彩椒的苗期对施肥的要求是（　　）。

A. 萌芽期施肥　　B. 长出真叶片后可以喷营养液

魔镜有话说

孩子们，恭喜你们闯关成功，可以获得《五彩椒宝宝变化日记本》。植物生长和管理的记录形式主要有表格和日记叙述的形式，但都要求图文并茂。想一想，你们该记录五彩椒生长过程中的什么情况呢？

妙妙：我想记录发芽的过程。幼苗何时出土，子叶何时展开，子叶的颜色、形状、大小，真叶长出的过程，真叶的颜色、形状、大小。

奇奇：我想记录它长大的过程。茎的高度、粗细，叶的数量有什么变化，枯叶的情况。

巴迪：我想记录它开花的过程。何时长出花蕾，何时花朵绽开，花的形状、颜色、大小，花瓣何时凋谢。

妙妙：我还想记录它结果的过程。果实颜色、形状、大小的变化。

奇奇：其实我更想记录一下自己管理五彩椒宝宝的过程。比如什么时候浇水，浇的什么水，哪天施肥了，浓度是多少，发现植物叶子变黄时我是怎样做的。

魔镜有话说

我们既可以记录五彩椒宝宝的变化，也可以记录自己的管理方法，还可以记录发现植物变化时自己的感受。能坚持记录接下来3个月植物的变化，你将获得第三枚金盾。

任务清单四：制作 3 个月的《五彩椒宝宝变化日记本》

第 ______ 天　　（____ 月 ____ 日）

我做了什么：

有什么发现：

第 ______ 天　　（____ 月 ____ 日）

我做了什么：

有什么发现：

五彩椒观察记录（供参考）

观察日期	五彩椒的变化			
	植株高度	叶片数量	分枝数	花朵数

植物生长的周期比较长，如果你的记录中有关键的间苗、长高、开花、结果、枯萎等阶段，就可以获得一枚金盾。

第四站　种植实验站

巴迪：我查到植物居然有六大器官——根、茎、叶、花、果实和种子。

奇奇：我也在书上读到过相关的介绍。

巴迪：五彩椒也具备这几个器官吗？

奇奇、妙妙：当然了！你已经看到了五彩椒的花朵，而那五颜六色的五彩椒就是它的果实啊！

巴迪：五彩椒除了可以用来观赏，还能食用吗？

奇奇：我姥姥会把五彩椒用盐腌起来，当咸菜吃。味道很不错呢！

巴迪：我们平时吃的蔬菜都是植物的哪一种器官呢？

妙妙：中午我们吃了土豆、菠菜、西红柿和胡萝卜。我只知道菠菜肯定是植物的叶子，西红柿肯定是植物的果实，至于这个土豆和胡萝卜……

魔镜有话说

你们真是热爱科学的好孩子。植物的生长过程中有许多奇妙的事情，有的不太容易被我们直接观察到，下面大家就跟随阿明老师通过一些科学实验，去研究植物的器官功能吧！只要完成其中的 3 个实验并完成实验记录，就可以获得一枚金盾。

任务清单五：完成系列科学探究实验

探究植物依靠什么器官吸收水分，学会进行对比实验，并使用搜集数据的方法。

实验一　植物靠什么喝水

● 实验准备：

完整植株（健康的、叶子茂盛的草本植物，在拔出的时候小心不要损伤根），试管或者矿泉水瓶、标签纸、托盘、油、滴管。

● 预测：

植物是靠它的（　　　　　　　　）来吸收水分的。

● 实验方法：

在两根试管中放入等量的水，一根里面加入一株植株（将预测的植物吸收水分的部位插入水中，如根、叶子），一根里面什么也不加。两根试管里都滴入几滴油（减少水分蒸发），静置一星期。

● 实验记录（画一画，记录试管中水位的变化）：

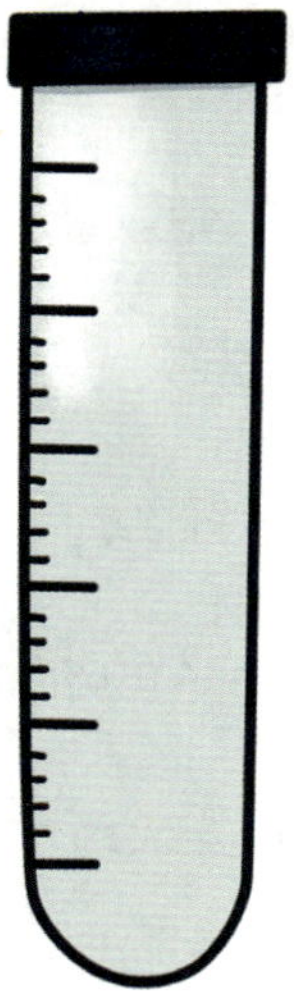

水位变化（cm）

第 1 天：

第 2 天：

第 3 天：

第 4 天：

第 5 天：

……

● 实验结论：

我观察到（　　　　　　　　　　　　　）现象，试管中水位的变化说明了根有（　　　　　　　　　　　　　）的作用。

根是植物为了适应陆地生活，在进化中逐渐形成的器官，它具有吸收、固着、输导、合成、储藏和繁殖等功能。

根的主要功能是吸收，它吸收土壤里的水、二氧化碳和无机盐类。植物体内所需要的物质，除一部分由叶和稚嫩的茎自空气中吸收外，其他都是由根自土壤中取得。根的另一功能是固着和支持。在风、雨、冰、雪的侵袭下，高大的树木之所以能巍然屹立，就是由于植物体具有反复分枝、深入土壤的庞大根系，以及根内牢固的机械组织、维管组织的作用。此外，根还有储藏和繁殖的功能。根内的薄壁组织一般较发达，可以贮藏物质。不少植物的根能产生不定芽，营养繁殖中的根扦插和造林中的森林更新，就是对这一性质的应用。

植物的根可以按照直根系、须根系、变态根进行归类。直根系有垂直向下生长的主根，主根通常较发达，有分枝，如菠菜、香菜、凤仙花的根。须根系是无垂直向下生长的主根。由多数纤细，且无一定着生部位的不定根所组成的是须根系，如葱、狗尾草的根。有些植物的根，因种类不同与受外界环境的影响，常产生变态情况，这种根叫变态根，如胡萝卜、甘薯的根。

探究植物如何运输水分：

使用解剖的方法进行观察。提前将五彩椒的茎部下端浸泡在红墨水里，直到上端的叶片变红。

实验二　植物如何运输水分

● 实验准备：

浸泡过的五彩椒、小刀。

● 实验预测：

五彩椒是靠（　　　　　　）运输水分的。

● 实验方法：

取一段浸泡过的五彩椒的茎，用小刀将茎分别进行横切和纵切，观察茎的变化，把看到的现象填到记录表上。先横切，再纵切。用小刀时，要注意安全，不要伤到自己和同学。

● 实验记录：解剖茎的实验现象

茎的横切面	茎的纵切面

● 实验结论：

我观察到（　　　　　　　　　　　　　　　　　　）现象，说明茎具有（　　　　　　　　　　　　　　　　　　）作用。

魔镜有话说

茎是植物的营养器官之一，主要功能是输导和支持。

茎是植物体物质运输的主要通道，根部从土壤中吸收的水分、矿物质元素，要通过茎输送到地上各部分；叶通过光合作用所制造的有机营养，也要通过茎输送到体内各部分以利用或储藏。茎的维管组织中的木质部和韧皮部担负着输导作用。木质部主要输送水分，韧皮部主要输送有机物质。

茎的支持作用也和茎的结构有着密切关系。茎内的机械组织（例如纤维和石细胞），以及木质部中的导管、管胞等，它们都像建筑物中的钢筋和混凝土，对植物起着巨大的支持作用。

茎还有储藏营养物的功能。茎的基本组织中的薄壁组织细胞往往储存着大量物质，而某些变态茎，如藕、慈姑、马铃薯等的储藏物尤为丰富，因此它们还可以提供工业上需要的原料，如木材、纸浆、纤维板等。不少植物具有形成不定根和不定芽的习性，可进行营养繁殖。此外，绿色幼茎还能进行光合作用。

探究叶的作用：

可以使用绘图记录、对比观察的方法。

实验三　叶的作用

● 实验准备：

快要开花的五彩椒植株、白色塑料袋、锡纸。

● 实验预测：

叶的作用有（　　　　　　　　　　　　　　　）。

● 画一画

观察快要开花的五彩椒的植株，从不同的方向画一画五彩椒的样子。

植株高度（里面）（cm）	叶片数量（个）	从侧面看	从上面看

五彩椒的叶片如此排列的原因是（　　　　　　　　　　　　　）。

● 叶的作用实验

实验方法	 选择一片较大的叶子，在叶子上套一个干净并且干燥的塑料袋，将塑料袋的袋口系好。6小时后观察塑料袋的变化。	 找一片完整的叶子，用一张锡纸将它遮住，让它无法接受阳光。10天以后对比观察密封叶片和正常叶片的不同。
实验现象		
实验结论		

● 实验结论：

五彩椒的叶具有（　　　　　　　　　　　　　　　　　　）的作用。

叶是种子植物进行光合作用的主要场所，是制造养料的重要器官。除了光合作用以外，叶的另一个生理功能是蒸腾作用。

绿色植物（主要依靠叶子）吸收阳光的能量，利用二氧化碳和水，合成有机物质并释放氧气的过程称为光合作用。植物依靠光合作用制造养分并维持自身的生存。叶的蒸腾作用对植物也具有重大意义，茎之所以能够将水从下往上运输，主要是因为叶的蒸腾作用产生了蒸腾拉力。除了光合作用和蒸腾作用外，少数植物的叶子还具有吸收物质和营养繁殖的功能。

叶序是指叶在茎上有规律排列的方式，主要有互生、对生、轮生、簇生、叶镶嵌等类型。叶序使叶在茎上均匀地分布，有利于植物光合作用的进行。大多数植物具有一种叶序，少数植物具有两种叶序。

解剖五彩椒的花：

解剖是一种常见的观察方法，这一次，我们通过解剖五彩椒的花，认识花的结构。

实验四　解剖五彩椒的花

● 实验准备：

一朵完整的五彩椒花、镊子、白纸。

● 实验预测：

花的作用有（　　　　　　　　　　　　）。

● 实验方法：

1. 按照从外向内的顺序，用镊子细心地将花的各部分撕下来，将它们分类排列在纸上，并标注上名称。

2. 给五彩椒进行人工授粉。

方法①：用棉签将雄蕊上的花粉蘸取下来，涂抹在雌蕊上。

方法②：适度摇晃五彩椒花朵，模拟风的作用。

● 实验结论：

五彩椒的花具有（   ）的作用。

魔镜有话说

花是被子植物特有的繁殖器官，一朵完整的花可分为五个部分，即花柄、花托、花被、雄蕊和雌蕊。花被是花萼和花冠（俗称花瓣）的总称，雄蕊由花丝和花药两部分组成，雌蕊由柱头、花柱和子房组成。并不是每种花都由这五部分组成，但每朵花至少有雄蕊或雌蕊，这是花中最重要的结构。

植物的繁殖主要与花中的雄蕊和雌蕊有关，花粉从雄蕊的花药里散落下来，落到雌蕊柱头上的过程叫作传粉。传粉完成后，花粉便在柱头上萌发成花粉管，管内的两个精子通过花粉管的伸长直达子房内的胚珠，与胚囊内部的卵细胞和极核互相融合，完成受精，受精后的胚珠发育成种子，子房发育成果实。

桃花的基本结构

独立研究：五彩椒喜欢的生长环境

种植的过程中，环境中的哪些因素会影响五彩椒的生长呢？你们也可以根据一个自己感兴趣的问题，跟随几位动物朋友开展独立研究。

北极熊：大家好，独立做研究的第一步，就是确定自己想研究的方向，并形成一个有研究价值的问题。

奇奇：我想知道“光照不同对五彩椒生长的影响”。

妙妙：我想研究“水分不同对五彩椒生长的影响”。

巴迪：我想了解“土质（土壤酸碱度）不同对五彩椒生长的影响”。

壮壮：我想知道“无土栽培与有土栽培对五彩椒生长的影响”。

● 我想研究的方向是：________________________________

鲸鱼：有了研究方向，我们要进一步缩小研究范围，把大问题变成有研究价值的小问题。可以甄别一些变量，对研究问题进行更加具体的描述，进而做出更加科学、更有研究价值的假设。比如：下面关于“水分不同对五彩椒生长的影响”的假设哪个更有研究价值？

A. 我推测：五彩椒的生长必须要有水。

B. 我推测：五彩椒的生长必须要有大量（每天浇水一次，约50ml）的水。

巴迪：第二种假设更有研究的价值。可以大致定量地帮助我们了解五彩椒生长具体的需求。

● 我的具体研究问题是：________________________________

长颈鹿：具体该怎么做实验呢？我们常常采用的是AB对比实验法，也就是变量控制实验。准备至少两盆生长时间、状态接近的植株进行对比。AB两盆植物的生长条件只能有1个条件是不同的，其他条件要基本相同，这样才能判断出不同的条件对于五彩椒生长的影响。如下图：蓝色圆圈里填相同条件，橙色圆圈里填不同条件。

- 我的对比实验设计图

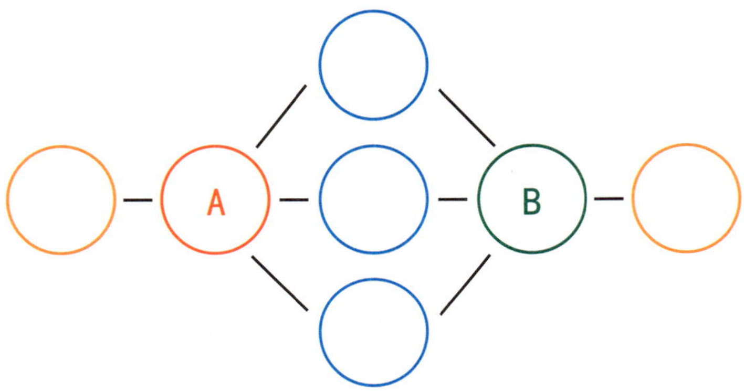

天鹅：研究的过程就是搜集证据的过程。实验中，不同种植条件的五彩椒的外部形态会发生不同的变化。比如：植株高度、植株腰围、叶片数量、分枝数量、花朵数量……，要注意观察、测量并且做好记录。可以借助以下两种表格，记录两盆五彩椒成长的不同数据。

两盆五彩椒的生长变化记录（供参考）

日期（周/日）	姓名/编号	植株高度（cm）	植株腰围（cm）	叶片数量（片）	花朵数量（朵）	分枝数量（枝）	……
	1						
	2						
	1						
	2						
	1						
	2						
	1						
	2						
	1						
	2						

两盆五彩椒的管理和生长变化日记

时间	________月________日	
植物的变化（照片、图画）	A 组	B 组
我做了什么（如测量高度、粗细，数花瓣的数量……）：		
有什么发现（或者新的问题）：		

时间	________月________日	
植物的变化（照片、图画）	A 组	B 组
我做了什么（如测量高度、粗细，数花瓣的数量……）：		
有什么发现（或者新的问题）：		

小白兔：首先恭喜你们已经获得了第一手的五彩椒生长数据。为了找出其中的规律，我们需要学习如何处理信息和数据。可以用曲线图来表示不同植株的高度变化，并标出植物生长最快的一段时间。

奇奇：先在横轴上均匀填上时间间隔，再在纵轴上按厘米填上高度的间隔。

妙妙：对，根据记录中的时间和植株高度描点，最后把点连起来。

巴迪：两盆不同的植物可以用不一样的颜色来连线，以便区别和观察。

● 通过分析曲线图，我发现 ____________________

梅花鹿：恭喜你们完成了独立探究实验，接下来可以反思实验过程，形成报告。

姓名：________ 班级：________ 日期：________

研究题目	我研究的是（ ）
1. 制定研究计划阶段	● 我预测（ ）（附：研究计划书） ● 为了实施我的研究计划，我做了一些准备：________ ________
2. 研究过程阶段	● 对比实验从____月____日开始，到____月____日结束，一共____天。 ● 我在观察过程中重点记录了________等观察数据。（附：对比观察记录） ● 我在观察过程中，绘制了《基于____条件下的茎的高度变化曲线图》，在曲线图中，我找到了一些规律： ①________ ②________
3. 研究结论	我的研究结论：

海豚：你对自己的表现还满意吗？可以和伙伴们交流一下自己的想法，对实验过程进行反思评价。在下面表格里为自己打分，满分是5星。

“五彩椒成长记”研究评价表

评价人：____________ 日期：____________

动物朋友布置的任务	非常好	一般	再努力
1. 提出问题			
2. 做出假设			
3. 制订计划：有条理，会合理使用思维图示			
4. 搜集证据：按时记录，注意数据的搜集			
5. 处理信息			
6. 得出结论			
7. 表达交流、反思评价			

注意：给自己评价（画☆），给其他同学评价，请写名字或者学号。

五彩椒就要进入结果的季节了！如果你一路闯关到这里，说明你很棒。恭喜你获得一枚金盾。

第五站　收获站

魔镜有话说

巴迪，你的五彩椒结果了吗？可以摘一颗果实下来，仔细观察。五彩椒的果实颜色非常多，这也是它名字的由来。

巴迪：我的五彩椒从（　　）月（　　）日起开始结果了。这是五彩椒最美的时候！我用解剖的方法观察五彩椒果实，发现它分为果皮和种子，可是它怎么没有果肉呢？

阿明老师：是的，因为在科学定义上五彩椒的果实并没有果肉这一结构，一般我们吃的橘子、桃子的肉其实都是果实的果皮。常见果实大多数是子房发育而成的真果，但也有由花的其他部位参与一同发育而成的假果，如：草莓（由花托发育而来）、菠萝（由花序的花轴发育而来）。

阿明老师：大家比较一下亲代的种子和子代的种子，它们一样吗？

巴迪：种子看上去基本相同，但长出来的新一代五彩椒还会和母代的五彩椒有所不同，植物也存在遗传与变异，生命真是太神奇了！

魔镜有话说

植物的一生都经历了哪些阶段？从什么开始，最后又产生了什么？请你说说看。

任务清单六：用照片或者绘画呈现五彩椒的一生

我所了解的五彩椒的一生

阿明老师：恭喜你们收获了这么多果实。这些五彩椒可以用来干什么呢？

奇奇：炒菜、做辣椒酱。

妙妙：还可以作为种子明年继续种植！可是，如何收集种子呢？

阿明老师：可以将成熟的五彩椒果实切开，注意不要破坏里面白色的种子，选其中硬一些的，因为太白太软的没有成熟。然后将种子取出晒干，晒干后找个密封的容器装起来即可，这样就获得了五彩椒的种子。操作时一定要戴好手套，不然辣椒的汁水粘上皮肤后皮肤会产生刺痛感。也可以直接把五彩椒晒干保存，到种的时候再取种。

妙妙：我们一起来帮巴迪数一数。一个五彩椒果实里大概有（　　　　）粒种子。

巴迪：真没想到，还有这么多的种子，多余的种子还可以用来干什么呢？

奇奇：可以做成种子画。

妙妙：可以送给别人种。

巴迪：我可以带一些回我们星球。种植太有趣了，下一次，我还想试一试种点别的植物。

你能以五彩椒为主人公编写童话故事吗？可以配上插画！

"出发站"参考答案:

1. C　　2. B　　3. A　　4. A　　5. D

"育苗站"参考答案:

1. A　　2. B　　3. A　　4. A　　5. B

巴迪的科学探秘之旅④

短尾巴日记

陈淑兰 主编
张桂竹 编著

首都师范大学出版社
CAPITAL NORMAL UNIVERSITY PRESS

图书在版编目（CIP）数据

巴迪的科学探秘之旅. 短尾巴日记 / 陈淑兰主编 ; 张桂竹编著. — 北京 : 首都师范大学出版社, 2023.8

ISBN 978-7-5656-7682-6

Ⅰ. ①巴… Ⅱ. ①陈… ②张… Ⅲ. ①科学知识—少儿读物②兔—饲养管理—少儿读物 Ⅳ. ①Z228.1 ②S829.1-49

中国国家版本馆 CIP 数据核字（2023）第 138077 号

BADI DE KEXUE TANMI ZHI LÜ DUANWEIBA RIJI

巴迪的科学探秘之旅　短尾巴日记

陈淑兰　主编　　张桂竹　编著

责任编辑　丁燕伟

首都师范大学出版社出版发行

地　址　北京西三环北路 105 号

邮　编　100048

电　话　68418523（总编室）　68982468（发行部）

网　址　http://cnupn.cnu.edu.cn

印　刷　北京印刷集团有限责任公司

经　销　全国新华书店

版　次　2023 年 8 月第 1 版

印　次　2023 年 8 月第 1 次印刷

开　本　889mm×1194mm　1/16

印　张　19.75

字　数　216 千字

定　价　96.00 元（全八册）

本期任务：认识和饲养“短尾巴”

目　录

巴迪前传

巴迪是来自 M 星球的小王子，因为误闯迷宫，被蓝发魔王诅咒，变成了一只袖珍小狮子。巴迪被彩虹龙卷风带到了北京西山脚下的红樱小学。除了随身携带的一面魔镜，巴迪一无所有。魔镜告诉巴迪，要想复原，并回到自己的星球，需要通过**数道难关**，集齐 **52 枚金盾**，完成对地球的科学探究。他该如何迎接重重挑战，踏上回家的路？

好在巴迪在红樱小学结识了热情好学的奇奇、妙妙两兄妹和其他师生，与他们成了知心好友。由此，他们带着魔镜踏上了神奇的科学探秘之旅。他们在学校、家庭、大自然、社会中展开了对物质科学、生命科学、地球与宇宙科学以及技术与工程方面的探究。这一路，他们将紧密合作，共同发现，大胆尝试，积极创新。如果闯关成功，小狮子巴迪就能恢复王子的样貌，从而顺利地回归自己的星球。小朋友们，你们愿意帮助巴迪完成心愿吗？快快加入我们的科学探秘行动吧！

魔镜有话说

巴迪，地球人热爱动物，很多人会养各种不同的宠物。生活中最常见的宠物就是猫和狗了，当然也有人养鸟、养鱼、养兔子。人们常常把自己的宠物当作家人一样对待，和它们建立真挚美好的感情。

传统的宠物是指哺乳纲或鸟纲的动物，常用于欣赏和陪伴。随着时代的发展，宠物的范围也变得越来越广泛，鱼纲、爬行纲、两栖纲等都进入了家庭，成为人类宠物家族的一员，给人们带来精神的陪伴。

无论饲养哪一种宠物，我们都需要充分地了解它们，并做好足够的精神和物质准备。这一期，你要挑战的任务是和奇奇、妙妙以及养殖社的同学们一起了解并饲养一个“短尾巴”的宠物——兔子。

第一关 “短尾巴”的由来

这一天是奇奇和妙妙的生日，妈妈送给他们一个沉甸甸的礼物盒子。奇奇和妙妙眉开眼笑，迫不及待地打开盒子。“哇！”他们不约而同地叫起来。原来盒子里面装的是一个毛茸茸的小家伙——熊猫兔。这可是他们一直心心念念、思而不得的小宠物。

奇奇：太棒了！我终于可以拥有属于自己的小宠物了！

妙妙：是属于我们两个的小宠物！

奇奇：你先别激动，到底该如何饲养呢？这可是个难题。

巴迪：看你们高兴的样子，我还不知道箱子里面装的到底是什么呢。快让我也看看！

巴迪凑近一看，只见一个小毛团蜷缩在角落，原来是一只全宇宙最最可爱的小兔子！此刻它正好奇地打量巴迪呢。四目相对，彼此确认了眼神。巴迪开心地叫起来："我喜欢这个短尾巴的小朋友。"

奇奇、妙妙：太好了，以后我们就叫它"短尾巴"好了。

很久以前，兔子本是野生的小动物，它们在自然界以食草为生。你们要想把它饲养好，先要做好充足的功课才行。

关于兔子的知识，你们了解多少，是通过哪些渠道了解的？

奇奇：我了解不多，不过我可以通过浏览自媒体，看看宠物博主都是怎么做的。

妙妙：我要查阅资料，比较一下野生兔和宠物兔的异同点。

巴迪：我倒是觉得可以直接去宠物店或养过兔子的人家学习，这样可以获得一手材料，学到有用的饲养知识。

任务清单一：帮宠物兔做“自我介绍”

魔镜有话说

社区居委会最近正在进行家庭宠物档案普查，准备在年底开展一场超级宠物秀，你们抓紧时间给“短尾巴”制作一张报名卡吧，争取让“短尾巴”惊艳全场，赢得大奖。

开心闯关

1.（多选题）兔子外形普遍的特征是（　　）。

A. 具有管状长耳　　B. 簇状短尾　　C. 后腿更强健　　D. 都是红眼睛

2. 从体型上分类，兔子可以分为大型兔、中型兔、小型兔。一般来讲，大型兔的体重大约为（　　）。

A.8~10kg　　B.5~8kg　　C.2~4kg　　D.2kg 以内

3. 兔子的眼球呈圆球状，单眼视角 180 度，兔子（　　）用单眼看东西。

A. 可以　　B. 不可以

4. 兔子是一种胆小的动物，会被突然的喧闹声惊吓到。兔子很不满意或生气时，（　　）发出叫声。

A. 会　　B. 不会

5. 兔子是夜行性动物，夜间的进食比例占全天的（　　）左右，所以临睡前必须给宠物兔准备充足的食物。

A.90%　　B.75%　　C.50%　　D.30%

魔镜有话说

恭喜你们答对了以上题目，可以获得一枚金盾，快点涂上自己喜欢的颜色吧！

第二关 “短尾巴”吃什么

奇奇和妙妙给“短尾巴”画了一张精美的报名卡，准备带它去参加社区的超级宠物大赛。现在，关于短尾巴吃什么这个问题，他们展开了深入的讨论。

“我就是大名鼎鼎的‘短尾巴’。两耳不闻窗外事，一心只吃绿菜叶。”

俗话说民以食为天，宠物兔也不例外，它的食物供给是非常重要的问题，你们做好准备了吗？

奇奇：现在是夏天，楼下有很多青草，每天拔一些青草给“短尾巴”吃就可以让它填饱肚子了！

妙妙：那可不行！小区绿化草坪不能破坏！而且上面很可能会被喷洒农药。如果是那样，青草是有毒的，会害死“短尾巴”。我认为还是给它吃蔬菜更好。有首儿歌说得好：“小白兔，真可爱，爱吃萝卜和白菜。”对，就给它吃萝卜和白菜，这两种蔬菜最常见，价格也不贵。

巴迪：我问了宠物店老板，一般来说家养的宠物兔可以喂食饲料，操作方便，而且不受季节限制。

奇奇：啊？还有专门的兔饲料啊？我以为商店只卖猫粮和狗粮呢！

妙妙：兔饲料是由什么材料制作的？有营养吗？口味好吗？“短尾巴”会喜欢吃吗？

巴迪：这些我都咨询过了，兔饲料分为精饲料和粗饲料两种：精饲料一般是由玉米、大麦、高粱、豆饼、葵花饼、花生饼、芝麻饼、鱼粉混合而成的；粗饲料是由玉米秸秆、豆秸、谷草、花生秧、栽培干牧草、树叶等加工而成的。营养充足，至于味道嘛，那就得让“短尾巴”来评判了！

奇奇：我觉得也可以给“短尾巴”吃一些我们爱吃的零食，比如饼干、面包之类的东西。

妙妙：是不是应该给“短尾巴”吃点肉，补充点蛋白质？

巴迪：嘿嘿，“短尾巴”到底喜欢吃什么，我也很好奇呢！

魔镜有话说

你们说的似乎都有一定道理，不如做一个实验，用实验现象探究“短尾巴”到底喜欢吃什么吧。

任务清单二：开展实验，探究“短尾巴”喜欢吃什么

奇奇：让“短尾巴”在中间，四周摆放各种食物，看它选择哪一个。

妙妙：一次选择不能得出最终结论，咱们得多试几次，把观察所得记录下来。

巴迪：我觉得这个实验还可以多加入一些其他种类的食物，因为“短尾巴”有可能喜欢不止一种食物，很可能是好几种。而且，我们最好把食物放在等距离的位置上，这样更客观。

“短尾巴”对食物的选择观察记录表

投放时间	投放食物 ____	投放食物 ____	投放食物 ____	投放食物 ____	投放食物 ____	投放食物 ____	记录时间	进食情况	得出结论
___日 ___时 ___分									
___日 ___时 ___分									
___日 ___时 ___分									

不试不知道，一试吓一跳，“短尾巴”居然还爱吃点心！

任务清单三：制作“短尾巴”参加“超级宠物大赛”的宣传手抄报

完成以上两项任务的同学可以获得一枚金盾！

兔子还吃这些

兔子为食草类动物，食物大致分为三类：精饲料（兔粮）、粗饲料（牧草）、多汁类饲料（蔬菜、水果等）。

1. 兔粮是按照一定的比例加工而成的食物，营养比较全面，喂食更加方便；牧草的种类比较多，大部分兔子都可以食用，不要轻易给兔子喂食自己不认识的植物，以免食物中毒；水果、蔬菜类食物是比较受兔子欢迎的，不仅营养丰富，而且汁水多。

2. 兔子需要适量喝水，而且也有少量兔子食用肉类，严格来讲兔子属于杂食类动物。

3. 日夜食物供应量比例：白天为 30%~40%，晚上为 60%~70%。

第三关 “短尾巴”吃粪便

自从顺利研究完食物之后，巴迪在奇奇、妙妙的帮助下完成了参加“超级宠物大赛”的宣传手抄报，“短尾巴”顺利获得了参赛资格。接下来大赛种子选手“短尾巴”便过起了神仙一般的生活——每天有充足的食物供应，而且还花样不断，真是令人羡慕啊！

这一天，巴迪从外面回到家，发现了让他惊掉下巴的一幕！

“短尾巴”竟然在吃——自己的——粪便！！！

巴迪：天呐！“短尾巴”，你在干什么？你是不是疯啦？！

奇奇（听到声音赶来）：“短尾巴”，你怎么了？是不是病了？

妙妙（一屁股坐在了地上，不停地拍着脑门）：真是天有不测之“便”，谁会想到衣食无忧的“短尾巴”竟然吃起了自己的粪便！我真想不通啊！

“短尾巴”的粪便像巧克力豆

饲养宠物对于新手来说总会发生一些“小插曲”。别怕！要想找到答案，你们需要多多地学习，了解和积累更多关于动物的知识。和我一起走进动物食性宣传馆，进一步学习相关知识，同时担任公益宣传员，帮助更多的小朋友了解动物吧！

任务清单四：向朋友介绍几种动物的食性，自制资料卡

一号动物：羊咩咩

羊是典型的反刍动物，它有四个胃。反刍是指进食一段时间以后将在胃中半消化的食物返回嘴里再次咀嚼。当你看到羊在没有吃食的情况下，半卧着反复不断地咀嚼，那就是在反刍了。因为植物的纤维比较难消化，需要反刍，这样才能保障营养的摄入。

常见的反刍动物除了羊，还有哪些呢？

奇奇：马、驴、骡子也是食草动物，它们反刍吗？

妙妙：这要看它们有几个胃吧？我要去查查资料，我想知道四个胃是如何分工合作的，我要做个科普卡片。

巴迪：动物的食性真有趣，我要把调查的资料分享给朋友们。

二号动物：猫头鹰

猫头鹰以鼠类为主要食物，平时也吃一些昆虫、小鸟、蜥蜴、鱼等动物来丰富自己的食谱。它们都有吐“食丸”的习性，猫头鹰的嗉囊具有消化能力，食物常常整吞下去，并将食物中不能消化的骨骼、羽毛等残物渣滓集成块状，形成小团经过食道和口腔吐出，被吐出的东西叫食丸。人们可以从猫头鹰吐出的食丸了解它的食性。

奇奇：不学不知道，动物的食性真奇妙！我要把这些知识讲给养殖社的其他同学听。

妙妙：一定还有许多我们不了解的动物食性，我要尽可能多地整理信息，形成小档案，然后把相关知识讲给邻居小朋友听。

巴迪：可是，我现在只想知道“短尾巴”到底怎么了，它为什么要吃粪便？这和兔子的食性有关系吗？

三号动物：兔柔柔

兔子平常是以青草为主食，其次是饲料，然后才是零食。而青草含有丰富的植物纤维，很可能无法一次性消化吸收完，所以其中有一部分会随着大便排出。一般兔子会排两种大便，一种是球状颗粒大便，另一种是稀软的大便。而兔子吃的一般都是稀软的大便，因为里面的营养成分很丰富，兔子吃了有助于自己健康成长。

奇奇、妙妙：原来是这样！

巴迪：虽然很有道理，但是我还是很难接受。“短尾巴”为什么不能像羊和牛那样反刍呢？它为什么非要吃粪便？

奇奇：我知道，反刍动物有四个胃，它们的体型一般都比较大，而“短尾巴”体型较小，身体怎么可能装下四个胃啊，哈哈，这是我猜的。具体情况，我还要进一步查阅资料核实一下。

开心闯关

1. 兔子的确有可能吃自己的粪便，因为其中富含营养，它们吃掉的通常是（　　）。

A. 球状便便　　B. 稀软的便便　　C. 长条的便便

2. 反刍动物俱乐部举办活动，有一位淘气的小朋友明明不是会员，还是悄悄地混了进去，你能帮助巴迪把这位非会员找出来吗？（　　）

A. 羚羊　　B. 黄牛　　C. 黑狗　　D. 长颈鹿　　E. 骆驼

3. 动物王国进行卫生大检查，发现在路边有一堆食物渣滓，里面含有动物的骨骼、羽毛，显然是被某种动物吃进肚子后，不能消化，又吐出来了。把这些东西吐在路边，也太不讲卫生了。卫生局局长山羊先生请巴迪协助调查此事。通过调查，当日有 10 位动物朋友曾经从这里经过，巴迪最终确认了 4 个嫌疑人，请你帮助巴迪确认这些食丸有可能是（　　）吐的。

A. 猴子淘淘　　B. 小猪哼哼　　C. 蟒蛇闹闹　　D. 小老虎跳跳

4. 动物王国在开表彰会，给“地球的清洁师”发奖。刚宣布完获奖名单，小动物们就议论开了，大家认为有一个小动物不应该获奖，你觉得这个小动物可能是（　　）。

A. 秃鹫　　B. 蚯蚓　　C. 屎壳郎　　D. 狐狸

答对所有题目可以获得一枚金盾！

第四关　谁的尾巴最厉害

这一天风和日丽，奇奇和妙妙带着“短尾巴”一起去动物园游玩。他们来到猴子展厅，一只小泼猴用尾巴勾住树枝跳来荡去。“短尾巴”一下子就被吸引了，巴迪一眼就看出“短尾巴”很沮丧，它一定很羡慕猴子有长长的尾巴。

魔镜有话说

动物们的形态各异，尾巴也不尽相同。你们知道兔子的尾巴为什么会这么短吗？其他动物的尾巴又有怎样的特点呢？巴迪，赶快展开调查，撰写一份关于动物尾巴的小报告吧！

奇奇：每种动物的尾巴都有重要的功能，那么小兔子的尾巴这么短，又能有什么作用呢？

妙妙：我查到了！兔子尾巴短，也是有道理的，短尾巴对它们的生活有一定帮助！

巴迪：真的吗？太好了！“短尾巴”，你别伤心，咱们一起去寻找答案。

魔镜有话说

兔子的尾巴看起来很短，大概也就两三厘米长，其实它的尾巴并不是很短的圆球状，而是有一部分藏在臀部的皮毛里，就像企鹅将长长的双腿藏起来一样。不信，你可以轻轻拉开它的尾巴，然后用尺子量一量。

兔子尾巴有逃生作用：兔子的短尾巴在紧急情况下可以帮助兔子逃命。兔子被猛兽咬住尾巴时会立刻使用脱皮计，将尾巴的皮套脱下来，从而赢得逃命的时间。

兔子天生胆小，遇到敌害就要迅速逃跑，为了跑得更快，需要身体轻便，长尾巴不利于逃跑，还容易被敌人揪住“小辫子”。长期进化的结果就使兔子的尾巴变短了。

奇奇：有句歇后语“兔子尾巴——长不了”，形容做事没有耐心，没有长性的人，有时也指邪恶势力不会长久。

妙妙：我还知道这个歇后语背后的小故事呢。

很久以前，其实动物们都没有尾巴。蚊子叮在老黄牛的身上，牛只好忍着，松鼠也没有安身的家……动物们的生活都不方便。有一个神仙知道了，决定开一个选尾巴大会，让动物们自己认领尾巴。这天，动物们一大早就来了，领走了自己想要的尾巴。只有兔子起得晚，它到了山顶一看就傻眼了，因为那里只剩下一根短短的小尾巴了。但是兔子没有办法，只好领了短尾巴去用，所以直到现在兔子还是长着短短的尾巴。不过，这只是一个小故事而已，情节并不是真实的。

巴迪：原来如此！没想到“短尾巴”的祖先还有这种传说。在这一关，我们又收获了很多关于动物尾巴的知识，我又可以得一枚金盾啦！

第五关 “短尾巴”的视力

“短尾巴”已经陪伴奇奇和妙妙很长时间了，他们相处得非常好，“短尾巴”也长大了许多，既健康又活泼。这一天，他们几个在郊区爷爷家院子里玩儿捉迷藏游戏。

奇奇：“短尾巴”太可爱了，而且很聪明，总是能最快找到我。

妙妙：“短尾巴”是不是看见咱们藏哪儿了，得想办法不让它偷看。

巴迪：我有办法，咱们先把“短尾巴”放在木柴堆上，再藏起来，这样它就看不到我们藏在哪里了。

于是，“短尾巴”被巴迪放在了高高的木柴堆上，奇奇、妙妙和巴迪分别藏进了其他屋子。结果，他们几个等啊等，却怎么也等不到“短尾巴”来找，真是奇怪！过了10分钟都不见“短尾巴”的影子。奇奇憋不住了，他出来一看，发现“短尾巴”还趴在木柴堆上不敢跳下来。

魔镜有话说

“短尾巴”平时待在地面上，它在木柴堆上一动不动，是不是因为它恐高呢？你们能找到其中的原因吗？

奇奇：我很纳闷，难道“短尾巴”后脑勺长眼睛了吗？它背对着我们也能知道我们藏哪儿。

妙妙：真是有点怪，木柴堆并不高，它也不敢跳下来。

巴迪：我们还是研究一下“短尾巴”的视力吧，应该能找到答案。

任务清单五：画一画短尾巴的视力范围

兔子眼睛长在面部两侧的上方，视力范围接近 360 度。它的视野比较宽广，连身后的东西也能看到！

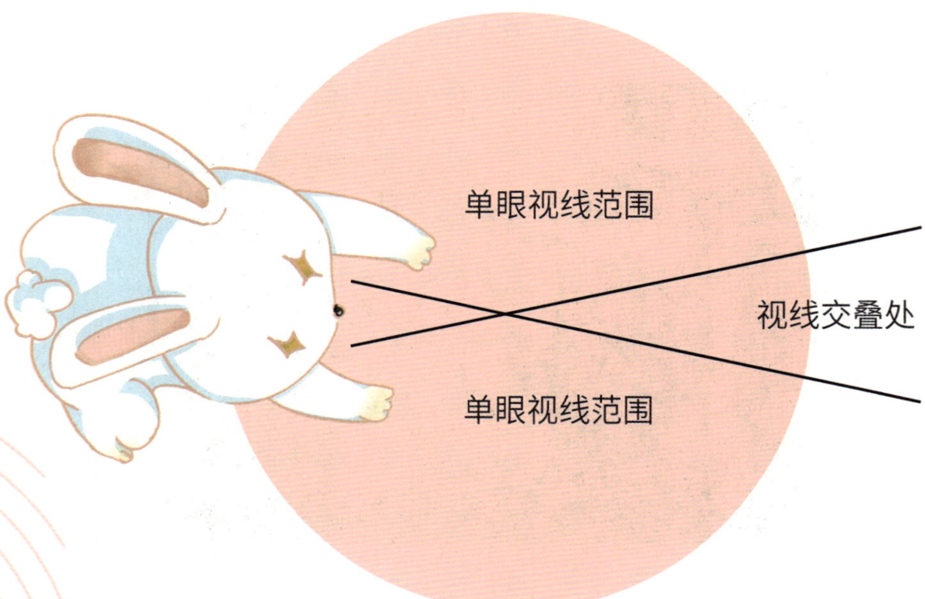

不过兔子也有盲点，大概是鼻尖附近、嘴周围和脖子下面。兔子只有在正前方30度范围内才有立体影像，因为那个范围才有视线交叠。兔子也会利用敏锐的鼻子来弥补这个缺点。

当兔子需要向下跳跃时，则会犹豫不决，它通常闻来闻去，这是因为对于自己的下方，它无法准确估测距离，所以不敢轻举妄动。

因此，大家不要轻易将兔子放在高处任其跳下，会发生危险。

巴迪：对不起了，“短尾巴”！是我不小心伤害了你。

奇奇：真危险，幸好“短尾巴”比较谨慎，没跳下来。

妙妙：咱们也要提醒其他的兔主人，一定要学习并了解各种宠物知识，只有这样才能保障宠物的安全！

你们知道了“短尾巴”的视力范围，就能更好地了解它的需要。

兔子眼睛只有两种感应颜色的细胞，因此只能分辨有限的颜色——绿色和蓝色。

兔子是名副其实的远视眼，对于近处的物体看不清。

任务清单六：话题讨论——兔子有可能撞死在树干上吗

同学们，语文课上我们学习过一个寓言故事《守株待兔》，故事里讲有一只兔子从农田里飞奔而来，一头撞死在大树上，结果让农民白白地捡了个便宜。请你们根据前面学到的知识，认真分析一下兔子是否有可能撞死在大树上。可以和同学分成A、B两组进行辩论。

恭喜你通过了本关的挑战，获得一枚金盾！

第六关　“短尾巴”娶亲

一转眼半年的时间就过去了，“短尾巴”虽然依然温顺可爱，但是毕竟已经变成了一只强壮的成年兔。眼看就要迎来社区超级宠物大会了，奇奇、妙妙和巴迪正在整理所有关于短尾巴的资料。有照片、视频、实验数据、档案卡片，还有各种各样的养兔知识分享卡。

最近，“短尾巴”时不时就会干点调皮捣蛋的事情，比如，它会把尿撒在厕所以外的地方，有时还会用后腿用力拍击地面。这是怎么回事？“短尾巴”怎么从乖宝宝变成了淘气包了？

奇奇：哎呦，“短尾巴”发疯了，“短尾巴”咬人了。

巴迪：你瞎喊什么呀！谁会相信你的话！“短尾巴”那么乖，那么可爱，它怎么会咬你呢？

妙妙：有句俗语说“兔子急了才咬人”。就算“短尾巴”咬你，也是你自找的，肯定是你把它惹急了。

奇奇：嘿嘿，你怎么知道？我刚才揪它的耳朵来着。谁让它不理我。

魔镜：“短尾巴”半岁了，资料上说像它这个年纪完全可以当兔爸爸了，乱撒尿不是恶作剧，而是在划地盘呢！还有它不爱理人，也可能是在想心事。它用后腿拍击地面也说明它觉得有点孤单，想谈恋爱。这是雄兔特有的习性。不如你们趁着参加宠物大赛的机会，给“短尾巴”相亲，帮它找个女朋友吧。

妙妙：哇，我好期待“短尾巴”能当上爸爸，拥有自己的兔宝宝！

巴迪：兔子是典型的哺乳动物，它的宝宝应该是胎生，刚出生的小兔子宝宝一定超级可爱！就像当初的“短尾巴”。想一想，我就好激动啊！

开心闯关

判断下面的说法是否正确，在正确的说法后面的（　　）里画“√”，在错误的说法后面画“×”。

1. 兔子不能近亲繁殖，也就是说雄兔和雌兔的直接亲缘关系必须在 4 代以外。（　　）

2. 兔子没有明显的发情期，一年四季都可以交配繁殖。（　　）

3. 经常用后腿拍击地面的成年兔子很有可能是雌兔。（　　）

4. 如果你看见两只成年的兔子一前一后地在追逐，跑在后面的很有可能是雄兔。（　　）

5. 如果你看到一只雌兔不断地把自己的毛发咬下来，它可能就要当妈妈了。（　　）

答对全部问题就可以获得一枚金盾，赶快来涂上自己喜欢的颜色吧！

任务清单七：给繁殖种类相同的动物找朋友

社区超级宠物大会马上就要开始了。居民们都带来了自家的宠物，一齐来到展厅，热闹非凡。有灵动的鸟类叽叽喳喳，有看上去酷酷的蜥蜴和蛇类蜷伏在笼子里，还有形形色色的鱼类争相比美……当然了，更多的是机灵猫和调皮狗们。

宠物的主人纷纷按照顺序来到台上向大家展示并介绍自家的宠物宝贝，奇奇和妙妙都听得入神了，真是大开眼界！

奇奇：宠物世界太精彩了，有这么多可爱的动物精灵陪伴在我们身边，我们可真幸福啊！我想让它们生很多的宠物宝宝。

妙妙：动物繁殖有不同的方式，你知道吗？

巴迪：当然知道了，我查阅了《动物百科全书》。“短尾巴”是家畜，属于胎生动物。还有鸡、鸭、鹅、鸟类都是禽类，应该属于卵生动物……

关于动物的繁殖可以按不同的标准划分为不同的种类。

常见胎生动物：猫、狗、猴、狮子、老虎、猪、老鼠、鲸鱼、牛、羊、马、兔、狐狸、熊等。哺乳动物一般为胎生。

常见卵生动物指用产卵方式繁殖的动物。一般的鸟类、爬虫类，大部分的鱼类和昆虫都是卵生动物。如：鸡、鸭、鱼、青蛙、乌龟、蝴蝶等都是卵生动物。

卵生动物　　　　胎生动物

巴迪：咦，我发现上面的图片有问题，两个圆圈之间有一部分是交叉的，是不是说明动物繁殖的方式除了胎生和卵生，还有第三种方式？

魔镜：巴迪，你真是个会观察、会思考的孩子，世界上的动物的确有第三种繁殖方式，我们可以称之为卵胎生，就是指那些卵在体内受精，在体内发育成新的个体后才产出母体，星鲨和一部分蝮蛇就是代表。

巴迪：哇，好可怕啊！我可以叫它们“怪胎”吗？

魔镜：巴迪，不能歧视动物中的少数族群哦！

巴迪：好的，我知道了。对不起，星鲨哥哥！对不起，蝮蛇大婶！真抱歉！你们大人不记小人过，千万不要咬我啊！

奇奇：行啦！星鲨和蝮蛇的数量很有限，你想遇上还不容易呢！

巴迪：好的，那我就放心了。对啦，我想知道是不是所有动物都分为雌性和雄性。

奇奇：那还用说！人不是就只分成男人和女人两种吗！

妙妙：不一定吧？世界这么大，我猜总会有不同的。

巴迪：对，我们最好先研究研究，先不要下定论。

魔镜有话说

妙妙猜得没有错，确实有些动物雌雄同体，或者说不分雌雄。

最常见的就是蜗牛和蚯蚓，它们单独的个体既是雌性又是雄性，不过依然需要两只交配后才能繁殖后代，这叫雌雄同体、异体交配。

关于动物繁殖的知识还有很多，等着你们去探索呢。

开心闯关

下列动物哪些是胎生，哪些是卵生？请你选一选。在卵生动物下面（　　）里画一个蛋，在胎生动物下面的（　　）画一个奶嘴。

（　　）　　（　　）　　（　　）　　（　　）

（　　）　　（　　）　　（　　）　　（　　）

小朋友，你答对了吗？答对全部题目，可以赢得一枚金盾！赶快涂上自己喜欢的颜色吧！

巴迪、奇奇、妙妙三个小伙伴带着“短尾巴”去参加超级宠物大会，在会上终于相亲成功，“短尾巴”迎娶了自己的新娘——美丽的“粉耳朵”小姐。就这样，“短尾巴”当上了新郎官，和它的新娘恩恩爱爱，过上了幸福美满的小日子。

不久之后，“粉耳朵”小姐当上了妈妈，生下了一窝健康、活泼又可爱的兔宝宝。“短尾巴”高兴地跑来跑去，真是一个幸福的爸爸！

巴迪也很高兴，因为他顺利完成了本期的任务，拿到了7个金盾，他兴奋得又蹦又跳，因为他知道自己离回家又近了一步。

魔镜有话说

暑假就要到了，学校养殖社为兔宝宝招募临时小主人，你愿意在暑期照看兔宝宝吗？先征求父母的意见，然后再写一份承诺书，你就可以和兔宝宝成为好朋友啦！希望你能够像奇奇、妙妙和巴迪那样善于观察、乐于思考、勤于积累并分享，把兔宝宝饲养得越来越好！期待你们也能热爱动物，通过饲养宠物建立和小动物的感情。期待你们的“短尾巴”日记早日诞生！

参考答案：

第一关：1. ABC　　2. B　　3. A　　4. A　　5. B

第三关：1. B　　2. C　　3. C　　4. D

第六关：

1.（×）　2.（√）　3.（×）　4.（√）　5.（√）

开心闯关：乌龟、金鱼、鹦鹉、青蛙、白鹅都是卵生动物，斑马、兔子、河马是胎生动物。

巴迪的科学探秘之旅⑤

食在阳光岛

陈淑兰　主编
卜国超　编著

首都师范大学出版社
CAPITAL NORMAL UNIVERSITY PRESS

图书在版编目（CIP）数据

巴迪的科学探秘之旅．食在阳光岛 / 陈淑兰主编 ；卜国超编著．— 北京 ：首都师范大学出版社，2023.8

ISBN 978-7-5656-7682-6

Ⅰ．①巴… Ⅱ．①陈… ②卜… Ⅲ．①科学知识－少儿读物②饮食营养学－少儿读物 Ⅳ．①Z228.1 ②R155.1-49

中国国家版本馆 CIP 数据核字（2023）第 138078 号

BADI DE KEXUE TANMI ZHI LÜ SHI ZAI YANGGUANGDAO

巴迪的科学探秘之旅　食在阳光岛

陈淑兰　主编　　卜国超　编著

责任编辑　丁燕伟

首都师范大学出版社出版发行

地　址　北京西三环北路 105 号

邮　编　100048

电　话　68418523（总编室）　68982468（发行部）

网　址　http://cnupn.cnu.edu.cn

印　刷　北京印刷集团有限责任公司

经　销　全国新华书店

版　次　2023 年 8 月第 1 版

印　次　2023 年 8 月第 1 次印刷

开　本　889mm×1194mm　1/16

印　张　19.75

字　数　216 千字

定　价　96.00 元（全八册）

本期任务：探索饮食、运动与健康的奥秘

目　录

巴迪前传

巴迪是来自 M 星球的小王子，因为误闯迷宫，被蓝发魔王诅咒，变成了一只袖珍小狮子。巴迪被彩虹龙卷风带到了北京西山脚下的红樱小学。除了随身携带的一面魔镜，巴迪一无所有。魔镜告诉巴迪，要想复原，并回到自己的星球，需要通过**数道难关**，集齐 **52 枚金盾**，完成对地球的科学探究。他该如何迎接重重挑战，踏上回家的路？

好在巴迪在红樱小学结识了热情好学的奇奇、妙妙两兄妹和其他师生，与他们成了知心好友。由此，他们带着魔镜踏上了神奇的科学探秘之旅。他们在学校、家庭、大自然、社会中展开了对物质科学、生命科学、地球与宇宙科学以及技术与工程方面的探究。这一路，他们将紧密合作，共同发现，大胆尝试，积极创新。如果闯关成功，小狮子巴迪就能恢复王子的样貌，从而顺利地回归自己的星球。小朋友们，你们愿意帮助巴迪完成心愿吗？快快加入我们的科学探秘行动吧！

第一关　发福事件

巴迪热爱地球美食，食量大如牛，可是又不爱运动，结果几个月下来长得越来越胖，走起路来呼哧呼哧直喘粗气，就像一个滚动的小皮球。

妙妙：巴迪，你发福了。

巴迪：有你和奇奇陪着我探索地球的科学奥秘，我是挺有福气的。

妙妙：我是说你发胖了。

巴迪：我胖了吗？我自己怎么不觉得？你怎么知道我胖了呢？

妙妙：很简单，可以给你称一下体重。

巴迪：可是我刚来地球的时候没有称过体重，现在再称体重，也没办法进行比较啊！

妙妙：我还有办法证明你胖了。

巴迪：什么办法？

妙妙：你原来走很长一段路都不会喘粗气，现在刚走几步就喘粗气；几个月前，我还能把你从地上抱起来，现在都抱不动了；还有，你原来能提一桶水，现在连半桶水都提不动了；还有，你的衬衫都系不上扣子了……

巴迪：别说了，说得我都难为情了。我从现在开始减肥，可以吗？我到篮球场找奇奇打篮球去！

奇奇：巴迪，你来干吗？

巴迪：来打篮球呀！

奇奇：打篮球需要先学会拍球。

巴迪：啊，这还不简单！

巴迪学着奇奇的样子拍起篮球来。可是，刚拍了一下，篮球就滚远了。巴迪连忙去追球，结果操场上出现了两个滚动的“球”。巴迪好不容易追回篮球，刚拍了两下，篮球又滚远了，巴迪只得再去追。不一会儿，巴迪就汗如雨下，变成了一只“落汤狮子”。巴迪噘着嘴，不得不接受一个事实——自己确实长胖了。

妙妙（在地上画了一个圈）：你就站在里面拍球，不许拍到圈外，每次至少连着拍 10 下。

巴迪（站在圈子里又拍起球来）：1、2、3……7，我要累死了！我已经累得手发软，腿发抖了。我不想拍了。

奇奇：巴迪，你怎么刚拍了几下就不能坚持了啊！

妙妙：巴迪，你太胖了，该减肥了！你的 BMI 指数肯定超标了！

巴迪：BMI 是什么呀？啊！我怎么会超重，我感觉自己的身材蛮好的呀！

一个人的体重是否超重，不能以自己的感觉而定。在国际上，如果要便捷地计算一个人的体重是否标准，通常使用“身体质量指数”，又称为体质指数，是专门用来评价人体胖瘦程度以及是否健康的指标，英文名：Body Mass Index，简称 BMI 指数。BMI 的计算公式是固定的，但每个国家根据本国儿童身体发育状况会对指数结果进行调整，以符合本国儿童的实际情况。使用计算公式可以方便快捷地计算自己的 BMI 指数。

中国学龄儿童BMI分类标准（WGOC）

年龄（岁）	超重		肥胖	
	男性	女性	男性	女性
7	17.4	17.2	19.2	18.9
8	18.1	18.1	20.3	19.9
9	18.9	19.0	21.4	21.0
10	19.6	20.0	22.5	22.1
11	20.3	21.1	23.6	23.3
12	21.0	21.9	24.7	24.5
13	21.9	22.6	25.7	25.6
14	22.6	23.0	26.4	26.3

奇奇：巴迪，巴迪，先别着急，要不你再算算吧！

计算公式：BMI= 体重（kg）/ 身高^2（m^2）

巴迪经过测量发现自己的确超重了。同学们，请你们把自己的年龄、身高、体重的数据填进表格，参照“中国学龄儿童BMI分类标准”算一算自己的体重是否标准。也请你和巴迪一起给其他几位同学计算一下BMI指数吧！

任务清单一：给自己和同学测量并计算 BMI 指数

姓名	年龄	身高（m）	体重（kg）	BMI	身体状态
奇奇	11	1.65	32		
妙妙	11	1.54	26		
壮壮	11	1.48	62		
佳佳	11	1.60	30		

你知道你们班有多少同学的体重超重吗？收集并统计全班同学的 BMI 指标，做一个柱状图，看看你有什么发现。

开心闯关

1. 关于测量身高，下面的表述错误的是（　　）。

A. 测量身高前应该脱去鞋子，背靠墙壁或者身高计立柱。

B. 每个人的身高在一天内可能会有 1~2cm 的误差。

C. 建议尽量在下午量身高，这样比较准确。

D. 量身高时，应该平视前方，两手下垂，足跟靠拢，脚尖分开 45 度。

2. 关于测量体重，下列说法错误的是（　　）。

A. 最好在早上排空大小便之后，吃早餐之前测量。

B. 测量体重时，最好脱掉外衣和鞋帽。

C. 测量体重时，双脚站在体重秤上，身体不要乱晃，手不要触碰旁边的物体。

D. 每天晚上睡觉前测量体重最科学。

3. 关于 BMI 指数，下列说法不正确的是（　　）。

A. BMI 指数与我们的血压、血脂有关系。

B. BMI 指数是体质指数，是用来量体重与身高比例的工具。

C. BMI 指数不能衡量人体的肥胖。

D. BMI 指数 = 体重（kg）/ 身高 ^{2}（m^2）。

恭喜你完成任务一，可以赢得一枚金盾，赶快涂上自己喜欢的颜色吧！

第二关　减肥训练营

经过上次用 BMI 指数进行测量，巴迪一下子意识到问题：怪不得自己拍球会觉得累，因为自己平时光吃不动，久而久之体重增加了，体能却下降了。为了身体健康，他决定改变这种现状。

巴迪：从今天起，我要开始减肥了。

妙妙：今天晚上不吃饭了？

巴迪：不，吃完了这顿再减！

奇奇：想要减肥，就得管住嘴，迈开腿，也就是少吃多动！

巴迪：管住嘴这件事有点困难，我还是多活动活动吧！

奇奇：太好了，咱们学校还有一些同学超重，要不你号召一下，咱们成立一个减肥训练营吧！

巴迪：好啊，好啊！这样我就不会觉得孤单了，大家一起来减肥。

妙妙：那咱们就管这个训练营叫小巴迪减肥训练营吧！

巴迪：好啊，好啊，咱们现在就写一个训练营招募令吧！

奇奇：咱们还得设计一个关于体育锻炼的调查问卷，以便对报名同学的基本情况有所了解。

妙妙：该怎样设计这个调查问卷呢？

设计调查问卷，首先应该登记调查对象的基本信息：姓名、年龄、性别、年级、身高、体重。其次，要了解调查对象是否有参加体育锻炼的习惯，经常参加哪些体育运动，每周运动的频率是多少，每次运动的持续时间是多长，是否做过运动计划表。还要了解调查对象的身体健康情况。对啦，为了便于统计，可以将调查问卷除基本信息外，都设计成选择题。现在就在空白处填写调查问题和选项吧！可以利用某些问卷小程序设计调查问卷，并通过微信发放噢！

任务清单二：设计并发放体育锻炼调查问卷

姓名	年龄	性别	年级	身高（cm）	体重（kg）	BMI 指数

问题：

回收发出的问卷，对每道题的选择情况进行统计，选择合适的统计图表展示调查结果，说说你的发现。

训练营招募令！

亲爱的小朋友，你尝试过减肥吗？你是否总是孤军作战，缺乏自制力？需要有人和你一起相互鼓励和督促？快来加入小巴迪减肥训练营吧！我们期待你的加入，不见不散！

小巴迪减肥训练营

年　月　日

恭喜你完成任务二，可以赢得一枚金盾。

第三关　开营了

一个星期后，小巴迪减肥训练营招募了十几名同学，小巴迪走马上任担任了营长。他们决定每天课后三点半都集中训练一小时。首先是在校园里的操场上跑步。巴迪带头跑，可是刚刚跑了一会儿，他就上气不接下气了。

巴迪：跑步太累了，早知道这样，我就不跑了。

奇奇：你一定要坚持下去，体育锻炼必须坚持，你要坚持跑 30 分钟。

巴迪：30 分钟啊！每天跑 10 分钟不可以吗？累计不可以吗？我现在跑 10 分钟，休息半小时再跑 10 分钟……第二天……第三天……

奇奇：行了，你这是三天打鱼，两天晒网，这样怎么能减肥呢？你得持续地多做有氧运动。

巴迪：什么是有氧运动？都有哪些运动属于有氧运动？

奇奇：有氧运动是指人体在氧气充分供应的情况下进行的体育活动。只有有氧运动才可以消耗脂肪，起到减肥的作用。

妙妙：长跑、跳绳、打篮球、踢足球、骑自行车……这些都是有氧运动。

巴迪：这么多项目，我该选择哪个项目呢？

奇奇：我们学校会定期对学生进行体能测试。我觉得你可以先训练体能测试项目。

任务清单三：调查、测试后填写小学生体能测试项目成绩

训练类别	训练项目	达标成绩	优秀成绩	我的成绩
素质训练	小步跑			
	高抬腿跑			
	纵跳			
	行进间踢腿			
	行进间压腿			
	交叉步跑			
	后蹬跑			
	跨步跑			
	蹲走			
	蹲起			
速度训练	50 米跑			
	1 分钟跳绳			
	仰卧起坐			
	速度体育游戏			
	50 米 ×8 往返跑			
力量训练	单脚跳			
	蛙跳			
	俯卧撑			
	力量体育游戏			
	立定跳			
耐力训练	2 分钟或 3 分钟跳绳、800 米（1000 米）跑			
	耐力体育游戏若干			
反应训练	加距离触地往返跑			
	反方向起跑训练			
	听信号做起跑练习和跑停练习			
柔韧性训练	压肩			
	压腿			

肥胖是由热量的吸收大于消耗造成的，多出来的这些热量就趁机转化为脂肪留在了体内。体内的脂肪细胞增殖或体积增大，体重自然就超标了。有氧运动和无氧运动对减肥都有一定帮助，但是有氧运动可以更好地塑造身体的肌肉线条。减肥应该重点从国家对小学生体质监测项目入手，提高学生体质达标率，减轻体脂，力求通过训练达到保持身体良好状态的效果。

一个月之后，巴迪的身材有了变化，他跑起来不再像一只滚动的皮球了。拍球的时候也更加自信了，拍着拍着，篮球也听话了，不会到处乱滚了。一下，两下，三下……巴迪居然可以连着拍几十下了。巴迪越拍越高兴，有时候还会一边拍球一边唱歌，他从此爱上了拍球，差不多每天都会拍球。奇奇和妙妙都对他说：“巴迪，你太棒了！”

奇奇和妙妙决定像巴迪一样，也制订一个运动训练计划。小朋友们，你们也快点制订自己的运动训练计划吧！

任务清单四：制定每周运动训练计划表

星期	运动时间	运动项目	运动情况记录
周一			
周二			
周三			
周四			
周五			
周六			
周日			

开心闯关

1. 有氧运动指的是（ ）。

A. 长时间大强度的运动　　B. 长时间中低强度的运动

C. 短时间大强度的运动　　D. 短时间中低强度的运动

2. 下列运动属于无氧运动的是（ ）。

A. 长跑　　B. 拔河

C. 跳绳　　D. 打篮球

3. 关于无氧运动，下列说法不正确的是（ ）。

A. 无氧运动是肌肉在无氧状态的情况下进行的运动。

B. 举重和投掷属于无氧运动。

C. 深蹲和平板支撑都属于无氧运动。

D.800 米跑和跳远都属于无氧运动。

4. 关于运动和减肥，说法不正确的是（ ）。

A. 进行无氧运动对减肥没有帮助。

B. 游泳不一定能减肥。

C. 潜水只能提高肺活量，对减肥不一定有帮助。

D. 经常做深蹲既能训练肌肉力量和耐力，也能有助于减肥。

恭喜你完成任务四，可以赢得一枚金盾，赶快涂上自己喜欢的颜色吧！

第四关　食在阳光岛

巴迪经过两个月的训练，体能有所提高，他有了信心，便报名参加了学校运动会的800米跑项目。可是，刚跑了两圈，他就坚持不下来了。

奇奇：巴迪，你怎么还是跑不动啊！

巴迪：是啊，我就是觉得自己的身体很重，怎么也跑不动。我已经增加运动量了，为什么体重并没有减轻多少呢？

奇奇：减肥需要管住嘴，迈开腿。虽然你迈开了腿，但是没有管住嘴，你平时吃得太多了！

巴迪：真不好意思，我就是嘴馋。要不然，从明天开始我就不吃午饭了。

妙妙：那可不行，不吃饭会头晕的，上课听讲容易走神，对身体不好！

巴迪：那我该怎么办啊？吃，还是不吃？这是个问题！

魔镜有话说

想要减肥，不是关于“吃与不吃”的问题，而是需要研究“怎样科学地吃”。最有效的减肥方法就是改变不良的生活习惯，养成科学的饮食与运动习惯。生活中适量喝水、优质睡眠、合理运动、饮食粗细搭配，都能有效地帮助你健康成长。

巴迪：这么说，我还是可以品尝美食的喽！

奇奇：对！可以吃！

妙妙：适度、适量地吃，科学地吃！

巴迪：万岁！哪些食物既美味又利于减肥呢？要不然我们成立一个美食研究室吧！

奇奇：太好了！我们现在就宣布成立美食研究室！

妙妙：我们给全校同学写一封倡议书，倡议大家都科学饮食。

巴迪：说干就干，现在就写倡议书去！

关于科学饮食的倡议书

亲爱的小朋友们：

你们好！你们喜欢营养美食吗？它从何而来，最终又通过什么方法变成我们餐桌上的美食呢？主食吃到什么程度是健康的？食物怎样分类，怎样搭配制作？从今天开始，我们将与不同的食材打交道，通过我们的探究和对比，同学们将经历神秘的营养美食探险之旅。你准备好了吗？

我们将一起走进美食世界，也许你能看到主食配比的场景，能发现不同的主食蕴含的营养成分有所不同，能帮同学们搭配出自己最喜欢吃的食物，是米饭、馒头，还是金黄的玉米？也可能是包子和鸡蛋饼，还有炒菜与凉拌菜？帮同学们设计一顿健康早餐，再设计一顿营养午餐，同学们是不是能从设计出的食物中品出色、香、味俱全的营养美食？还可以拿学校的午餐与自己家里的午餐作对比，通过比较发现哪里的午餐你最爱吃，为什么爱吃，营养搭配是否合理，是否更健康？还可以测一测家里与学校午餐中主食的含糖量，看看哪个含糖量更高，想想为什么？有些炒菜里加了味精、鸡精、十三香等辅助调料，不加这些调料会怎么样？大家更爱吃添加调料的，还是不添加调料的，或者添加少量调料的菜肴？听说有些同学还能用简单的食材给爸爸妈妈做菜。你能给爸爸妈妈做道菜吗？能掌握好搭配的窍门吗？在做饭和做菜的时候能把厨房收拾得干干净净吗？你会使用燃气灶吗？知道怎样使用工具更安全吗？……

想到这些，我们研究室的成员真的是既开心又担心呢！总之，在我们成长的路上，想要做一个健康快乐的美食家，就需要学习、锻炼。加入我们的美食研究室吧！和我们一起开始神奇的美食探秘之旅，相信一路走来，我们会遇到许多既好玩又新奇的事情！

红樱小学美食研究室全体成员

2023 年 6 月 8 日

探究食物的营养成分

根据联合国粮农组织的食品目录，广义的粮食是指食物或食品，包括谷物、薯类、豆类、蔬菜、水果、畜产品、水产品、油料作物、糖料作物等。食物中主要含有碳水化合物（如淀粉）、脂肪、蛋白质、维生素、矿物质和水六大营养成分。人体需要各种营养成分，但没有一种食物可以包含人体需要的所有营养成分。因此，要使人体获得所需的营养成分，就要合理搭配饮食。

任务清单五：向美食研究室咨询关于饮食与健康的问题

问题1：我们日常吃的食物中主要有哪些营养成分？

巴迪：米饭、馒头、肉、豆干、鸡蛋这些食物中都含有哪些营养成分呢？我们如何能了解这些信息？

奇奇：我知道，之前我见过老师在馒头上滴了一些碘酒，结果馒头上这部分就变蓝了，这说明馒头里含有淀粉。

巴迪：太神奇了，是不是含有淀粉的食物只要遇到了碘酒就会变蓝色？

奇奇：是的。

妙妙：老师还给我们做了很多的实验，将肉在油纸上揉搓之后，老师递给我们油纸，我们将油纸向着光看，发现纸上留有透明斑点。

奇奇：这就说明肉含有脂肪。

巴迪：我也想起来了，我看过一本书上说，将食物放在火上烧烤后，如果它释放出一股特殊的气味（焦煳味），就说明其含有蛋白质。

妙妙：我还想做这个小实验，我们一起来做吧！

奇奇：好啊！不过，用火烧烤食物的时候需要使用酒精灯、镊子、火柴等，一定要在老师的查看下完成啊！

巴迪：我记得书上有一个实验记录表，我得找来看看。

食物主要营养成分检测表

年级：__________ 班级：__________ 记录人：__________

记录时间：____________________

在检测到的营养成分上画“√”。

食物名称	食物种类	淀粉	脂肪	蛋白质
米饭				
馒头				
花生				
肥肉				
瘦肉				
豆干				
鸡蛋白				

（温馨提示：表中“食物种类”是指谷物、薯类、豆类、蔬菜、水果、畜产品、水产品、油料作物、糖料作物中的某一类）

问题 2：我们日常的饮食健康吗？

巴迪：我特别想知道自己的日常饮食是否健康。

奇奇：巴迪，老师说了，没有调查就没有发言权，还是要认真分析一下。你可以先记录自己一日三餐所消耗的食物，将结果填在报告中。

妙妙：是的，只写结果可不行，还要将食物进行分类，这样才能计算出各类食物的消耗数量。

巴迪：我明白了，要根据这些数据，对比后面密钥里给出的“小学生每日饮食建议表”，这样才能知道自己的饮食是否健康。

任务清单六：撰写每日饮食分析报告

每日饮食分析报告

我的名字叫 __________，今年 ________ 岁了。

我的早饭包括 ________________________________

____。

中午，我会吃 ________________________________

____。

晚餐，我会吃 ________________________________

____。

综合分析，我认为 ____________________________

____。

我以后 ______________________________________

____

____。

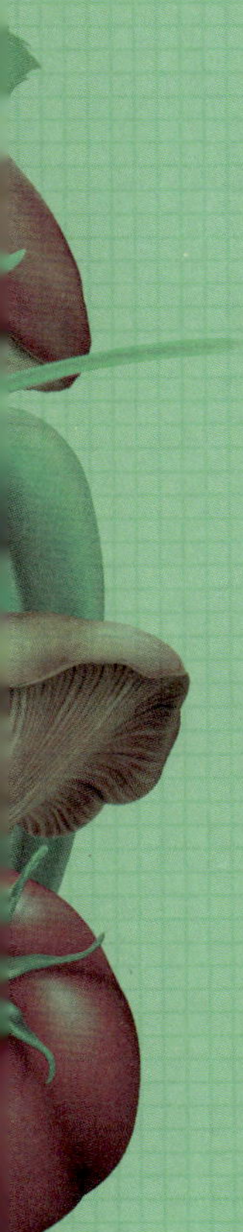

密钥　每日均衡饮食配方

巴迪在训练营里跟大家一起进行运动，感觉很累，肚子也在咕咕叫了，于是他开始猜想中午吃什么。巴迪问奇奇、妙妙：“你们饿吗？我们的午餐搭配什么样的食物才是合理的呢？”

一般，人们一天吃三餐——早餐、午餐与晚餐。每一餐都应合理搭配，这样才能获得均衡的营养。

你们听说过食物金字塔吗？食物金字塔又叫膳食宝塔，按照“金字塔”的提示搭配饮食就可以了。“金字塔”中越往上的食物越要少食用，这样就可以做到健康饮食了。请同学们阅读“小学生每日饮食建议表”，写一份报告，分析一下自己的每日饮食是否科学。

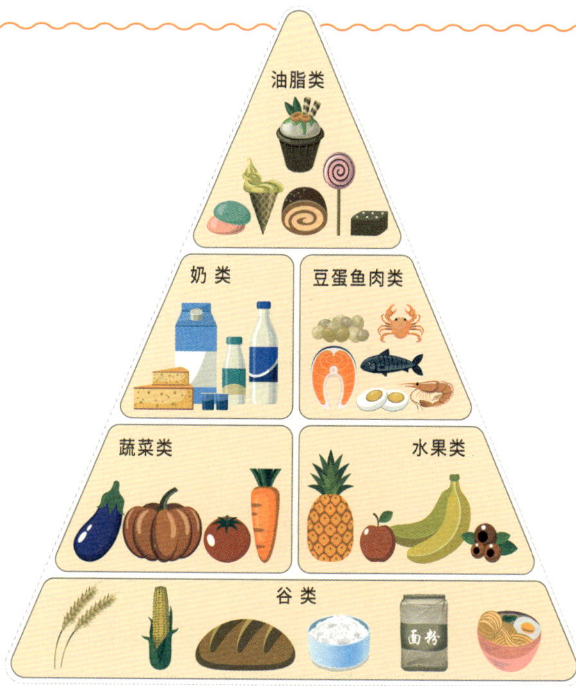

小学生每日饮食建议表

<table>
<tr><th>名称</th><th>1~3 年级（g）</th><th>量</th><th>4~6 年级（g）</th><th>量</th></tr>
<tr><td>谷类及薯类（主食）</td><td>150~200</td><td>2 个拳头</td><td>225~250</td><td>略大于
2 个拳头</td></tr>
<tr><td>蔬菜</td><td>300~350</td><td rowspan="2">5 个拳头</td><td>350~400</td><td rowspan="2">略大于
5 个拳头</td></tr>
<tr><td>水果</td><td>150~250</td><td>200~300</td></tr>
<tr><td>水产、禽畜肉类</td><td>100~150</td><td rowspan="2">1 个拳头</td><td>100~150</td><td rowspan="2">1 个拳头</td></tr>
<tr><td>鸡蛋</td><td>50</td><td>50</td></tr>
<tr><td>奶及奶制品</td><td>300</td><td rowspan="2">2 个拳头</td><td>300</td><td rowspan="2">2 个拳头</td></tr>
<tr><td>大豆及其制品</td><td>30~50</td><td>30~50</td></tr>
<tr><td>植物油</td><td>25</td><td></td><td>25</td><td></td></tr>
<tr><td>盐</td><td>4~6</td><td></td><td>4~6</td><td></td></tr>
</table>

（注：参考《中国学龄儿童膳食指南（2022）》制）

我设计的午餐

巴迪：加入了美食研究室以后，我了解了很多食品营养知识，我觉得自己可以设计菜谱了，太棒了！

奇奇：巴迪，你不用采用节食的办法减肥了，合理搭配膳食才是最健康的减肥方法。

妙妙：是的，一定不能空腹，也不能暴饮暴食。

任务清单七：为巴迪设计营养午餐

1. 主食：________________

2. 三菜：________________

3. 汤或粥：________________

4. 水果或酸奶：________________

5. 这样设计的理由是：________________

____

____

问题3：超市中有很多食品，这些食品的营养如何呢？

巴迪：除了一日三餐，我有的时候很饿，还想吃很多其他的食品。又不知道这些食品该不该吃？能怎么吃，吃多少？要怎样才能知道呢？

奇奇：这很容易，我们去超市看看，边选择自己喜欢吃的食品，边记录下该食品的营养成分。

巴迪：明白了，我回来再比较各种食品的营养成分。

妙妙：对的，可以给出使用这些食品的建议。

各类食物营养成分大调查

时间：__________　地点：__________　记录人：__________

食物品名	规格	营养成分表				
		能量（kcal）	蛋白质（g）	脂肪（g）	碳水化合物（g）	膳食纤维（g）

问题4：学校的午餐如何保证营养均衡？

巴迪：我们每天中午都在学校里吃午餐，学校是如何保证学生的营养均衡的呢？

奇奇：有道理，现在就去问问学校食堂的营养师吧，了解一下午餐的搭配方法！

妙妙：我喜欢吃学校的饭，我也想知道，哈哈。

记录学校一周的午餐情况，看一看是否能保证营养均衡

（1）走访学校食堂的营养师								
（2）调查学校一周的午餐情况								
	午餐食谱							
	菜肴名称	配料	用量（g）	总量（g）	能量（kcal）	蛋白质（g）	碳水化合物（g）	膳食纤维（g）
周一								
周二								
周三								
周四								
周五								

魔镜有话说

这是红樱小学一周的午餐食谱，小小研究员们，请你来评一评。

一周营养午餐食谱

	菜肴名称	配料	用量（g）	总量（g）	能量（kcal）	蛋白质（g）	脂肪（g）	碳水化合物（g）	膳食纤维（g）
周一午餐	米饭	稻米（均值）	60	60	208	4.4	0.5	46.5	0.4
	豆沙包	小麦面粉（标准粉）	30	40	130	4	0.6	27.2	0.8
		豆沙	10						
	红烧狮子头	猪肉（肥瘦）（均值）	50	55	215	6.7	18.5	5.5	0
		玉米淀粉	5						
	茄汁菜花	菜花	120	120	31	2.5	0.2	4.7	1.4
	黄豆炒菜心	白菜薹	100	120	106	9.8	3.7	8.4	4.8
		黄豆	20						
	香蕉	香蕉	30	30	28	0.4	0.1	6.4	0.4
	绿豆汤	绿豆	20	20	66	4.3	0.2	11.8	1.3
	食用油	花生油	10	10	90	0	10	0	0
	盐	加碘食盐	2.3	2.3	0	0	0	0	0
	合计			457.3	874	32.1	33.8	110.5	9.1

续表

	菜肴名称	配料	用量（g）	总量（g）	能量（kcal）	蛋白质（g）	脂肪（g）	碳水化合物（g）	膳食纤维（g）
周二午餐	米饭	稻米（均值）	100	100	347	7.4	0.8	77.6	0.7
	咖喱牛肉	牛肉（肥瘦）（均值）	50	50	62	10	2.1	0.8	0
	肉末冬瓜	猪肉（肥瘦）（均值）	50	150	210	7	18.7	3.5	0.7
		冬瓜	100						
	香芹炒粉条	西芹	80	110	112	0.7	0.1	27.1	2.3
		粉条	30						
	紫菜鸡蛋汤	紫菜	10	18	16	1.4	0.9	0.5	0.1
		鸡蛋（均值）	8						
	食用油	花生油	10	10	90	0	10	0	0
	盐	加碘食盐	2.3	2.3	0	0	0	0	0
	合计			440.3	837	26.5	32.6	109.5	3.8
周三午餐	米饭	稻米（均值）	100	100	347	7.4	0.8	77.6	0.7
	香酥鸡柳	鸡胸脯肉	60	60	80	11.6	3	1.6	0
	鸡蛋西红柿	番茄	100	150	92	7.5	4.6	5	0.5
		鸡蛋（均值）	50						
	粉丝菠菜	菠菜	100	150	197	3	0.4	45.3	2.3
		粉丝	50						
	苹果	苹果（均值）	100	100	54	0.2	0.2	12.8	1.2
	金瓜小米粥	小米	10	18	37	0.9	0.3	7.6	0.3
		金瓜	8						
	食用油	花生油	10	10	90	0	10	0	0
	盐	加碘食盐	2.3	2.3	0	0	0	0	0
	合计			590.3	897	30.6	19.3	149.9	5

续表

	菜肴名称	配料	用量(g)	总量(g)	能量(kcal)	蛋白质(g)	脂肪(g)	碳水化合物(g)	膳食纤维(g)
周四午餐	米饭	稻米（均值）	150	150	520	11.1	1.2	116.2	1
	清炒虾仁	虾仁	80	80	38	8.3	0.6	0	0
	烧茄子	茄子（均值）	100	100	23	1.1	0.2	4.2	1.3
	醋熘土豆丝	马铃薯	130	130	100	2.6	0.3	21.8	0.9
	绿豆汤	绿豆	20	20	66	4.3	0.2	11.8	1.3
	食用油	花生油	10	10	90	0	10	0	0
	盐	加碘食盐	2.3	2.3	0	0	0	0	0
	合计			492.3	837	27.4	12.5	154	4.5
周五午餐	米饭	稻米（均值）	100	100	347	7.4	0.8	77.6	0.7
	玉米烧排骨	猪小排	60	100	212	11.6	14.4	9.1	1.2
		玉米（鲜）	40						
	肉炒三丁	猪肉（肥瘦）（均值）	40	120	238	8.2	20.1	6.3	2
		胡萝卜（红）	30						
		黄瓜	30						
		花生（鲜）	20						
	素炒圆白菜	圆白菜	120	120	29	1.8	0.2	4.9	1.2
	香蕉	香蕉	30	30	28	0.4	0.1	6.4	0.4
	西红柿鸡蛋汤	番茄	50	60	24	1.7	1	2	0.2
		鸡蛋（均值）	10						
	食用油	花生油	10	10	90	0	10	0	0
	盐	加碘食盐	2.3	2.3	0	0	0	0	0
	合计			542.3	968	31.1	46.6	106.3	5.7

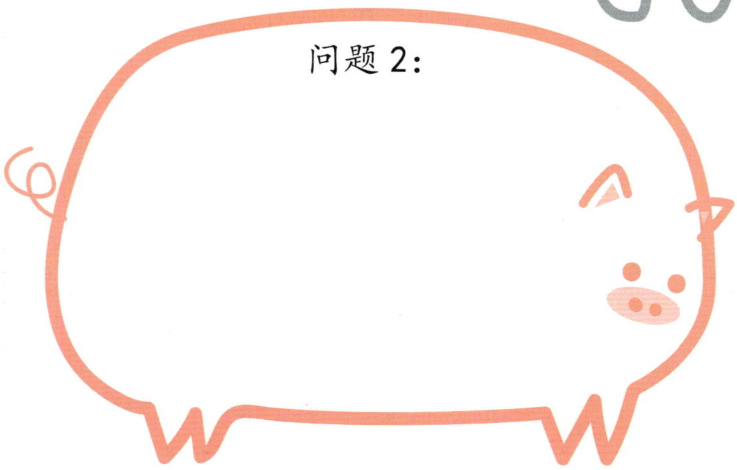

同学们，作为美食研究室的成员，你们还有哪些有关饮食与健康方面的问题想要研究吗？请把你们的问题写下来，和老师、家长、科研人员一起讨论，共同研究吧！

魔镜有话说

科学饮食是长期的行为，应该成为日常的习惯，并根据自己的身体状况适时地调整。

给家庭提出饮食与健康建议

开心闯关

1. 健康膳食的关键在于（　　）。

A. 食物的种类　　B. 食物的数量　　C. 食物种类和数量的合理搭配

2. 小学生每天都应该喝奶，建议每天每人喝奶（　　）。

A.100g　　B.200~400g　　C. 越多越好

3. 膳食中应该控制食盐的摄入量，（　　）考虑调味品（酱油）、其他食物（如咸菜）中的盐分。

A. 需要　　B. 不需要　　C. 无所谓

4. 为了减少营养的流失，蔬菜要（　　）。

A. 先洗后切　　B. 切碎以后浸泡　　C. 先切后洗

5. 不爱吃蔬菜的人，（　　）用水果代替。

A. 可以　　B. 不可以　　C. 不知道

6. 对于少年儿童来说，最好的饮品是（　　）。

A. 白开水　　B. 果汁　　C. 碳酸饮料　　D. 牛奶

恭喜你完成以上任务，可以赢得一枚金盾。赶快涂上自己喜欢的颜色吧！

第五关 健康小达人

经过一个学期的活动，巴迪向全体同学宣布：通过这个学期在“小巴迪减肥训练营”中各类体育活动的开展和营养膳食结构的改善，超重的同学提高了运动兴趣，找到了自己的运动兴趣点，差不多每个同学都有了自己喜欢的运动项目，并能积极主动地参与运动。多数同学的体重明显下降，同学们在训练中学会了主动积极参与运动，不仅身体得到了锻炼，体质得到了加强，最重要的是他们在运动中得到了快乐与健康，特别是跳绳这一项成绩提高显著，班里涌现出多个矫健的“健康小达人”。

填写表格，见证我们的成长和进步

姓名	训练前体重（kg）	训练后体重（kg）	训练前跳绳（个／分钟）	训练后跳绳（个／分钟）
巴迪	66.6	53.2	80	186
妙妙	26	30	120	220
奇奇	32	33	130	190
我				
同学甲				
同学乙				

朋友们，让我们共同甩掉身上的“甜蜜负担”，成为一名阳光岛上的健康小达人吧！

恭喜你完成本关任务，可以赢得一枚金盾！

同学们，巴迪、奇奇、妙妙发起了“健康小达人”竞选活动，请你也来参加，先写一份竞选演讲稿吧！

参考答案：

第一关：1.C　2.D　3.A

第三关：1.B　2.B　3.D　4.A

第四关：1.C　2.B　3.A　4.A　5.B　6.A

巴迪的科学探秘之旅⑥

拯救北极熊

陈淑兰 主编
张秋颖 编著

首都师范大学出版社
CAPITAL NORMAL UNIVERSITY PRESS

图书在版编目（CIP）数据

巴迪的科学探秘之旅．拯救北极熊 / 陈淑兰主编 ；张秋颖编著．— 北京 ：首都师范大学出版社，2023.8

ISBN 978-7-5656-7682-6

Ⅰ．①巴… Ⅱ．①陈… ②张… Ⅲ．①科学知识－少儿读物②全球气候变暖－少儿读物 Ⅳ．① Z228.1 ② P461-49

中国国家版本馆 CIP 数据核字（2023）第 138080 号

BADI DE KEXUE TANMI ZHI LÜ ZHENGJIU BEIJIXIONG

巴迪的科学探秘之旅　拯救北极熊

陈淑兰　主编　　张秋颖　编著

责任编辑　丁燕伟

首都师范大学出版社出版发行

地　址　北京西三环北路 105 号

邮　编　100048

电　话　68418523（总编室）　68982468（发行部）

网　址　http://cnupn.cnu.edu.cn

印　刷　北京印刷集团有限责任公司

经　销　全国新华书店

版　次　2023 年 8 月第 1 版

印　次　2023 年 8 月第 1 次印刷

开　本　889mm×1194mm　1/16

印　张　19.75

字　数　216 千字

定　价　96.00 元（全八册）

本期任务：探究全球气候变暖的原因，写建议书

目　录

巴迪前传

巴迪是来自 M 星球的小王子，因为误闯迷宫，被蓝发魔王诅咒，变成了一只袖珍小狮子。巴迪被彩虹龙卷风带到了北京西山脚下的红樱小学。除了随身携带的一面魔镜，巴迪一无所有。魔镜告诉巴迪，要想复原，并回到自己的星球，需要通过**数道难关**，集齐 **52 枚金盾**，完成对地球的科学探究。他该如何迎接重重挑战，踏上回家的路？

好在巴迪在红樱小学结识了热情好学的奇奇、妙妙两兄妹和其他师生，与他们成了知心好友。由此，他们带着魔镜踏上了神奇的科学探秘之旅。他们在学校、家庭、大自然、社会中展开了对物质科学、生命科学、地球与宇宙科学以及技术与工程方面的探究。这一路，他们将紧密合作，共同发现，大胆尝试，积极创新。如果闯关成功，小狮子巴迪就能恢复王子的样貌，从而顺利地回归自己的星球。小朋友们，你们愿意帮助巴迪完成心愿吗？快快加入我们的科学探秘行动吧！

引　子

晚饭过后，巴迪、奇奇和妙妙正在客厅看电视，电视里正在播放天气预报，魔镜突然闪烁出五彩的光芒。

巴迪，请注意！你有新任务了！我刚刚收到了北极熊村长发来的求助信。你快看看吧！

巴迪和红樱少年团的孩子们：

近年来全球温室效应不断积累，导致全球气温不断升高，北极的冰川融化，我们的生存状况堪忧。很多熊妈妈没有东西吃，都没有奶水来喂养北极熊宝宝了。冰川越来越少，我们已经很难找到栖息的地方。快来帮帮我们吧！

北极熊村长

魔镜：巴迪，本期你要完成的任务就是去了解何为温室效应，并研究全球变暖、冰川融化会带来哪些可怕的后果，之后撰写一份关于保护北极熊的倡议书，告诉大家为了保护环境，我们可以做哪些力所能及的事情。

奇奇：去动物园的时候，我最喜欢看北极熊了。

妙妙：是啊，这些憨态可掬的北极熊都来自北极。可是由于全球气温升高，南极的冰盖、北极的冰山都在逐渐融化，北极熊的家园即将消失。

巴迪：我们该如何拯救北极熊呢？

奇奇：我觉得，首先我们要弄清楚冰川融化的真相。

妙妙：全球气温升高，形成温室效应是北极冰川融化的罪魁祸首。而我们的舅舅刚好是一位气象学家，或许我们可以请他来帮忙。

第一关　气象启蒙课

奇奇：舅舅，您能给我们讲讲什么是温室效应吗？为什么温室效应会对北极熊的生存带来威胁？

妙妙：舅舅，我们要和巴迪一起去拯救北极熊，您快传授我们一些秘籍吧，我们应该怎么做？

舅舅：你们的问题可真多，我还是先来考考你们吧。下面的5道题，你们答对至少3道就可以参加气象启蒙班的学习。

开心闯关

请你判断下列说法是否正确，在说法正确的句子后面画“√”，在说法有误的句子后面画“×”。

1. 温室效应指的就是全球气候变暖。（　）
2. 全球气候变暖的主要原因是人口剧增和大气环境污染。（　）
3. 北极熊不仅会游泳，还会跳水，但是它最喜欢活动的环境是冰面。（　）
4. 北极指的是北纬66度33分以北的地区。这里冬季寒冷漫长，夏季短暂凉爽。（　）
5. 冬季的北极比冬季的南极更加寒冷。（　）

舅舅：孩子们，你们真棒！题目都答对了，现在就可以参加气象培训班了！

奇奇：我上网查了资料，陆地的比热小，升温、降温都比较快，而南极是陆地，北极是海洋，所以南极的冬天比北极冷。

巴迪：我去图书馆查了资料，南极的平均海拔在2000m以上，而北极三分之二的地区都是海洋，基本与海平面持平。而且我知道海拔每升高1000m，气温就会下降6.5℃。

妙妙：冬天的南极和北极哪里离太阳远，哪里就会更寒冷。舅舅，我说得对吗？

舅舅：当南极进入冬季时，地球处于距离太阳最远的地方，而北极进入冬季时，地球处于距离太阳最近的地方。所以北极的冬天比南极的冬天要温暖许多。

恭喜大家获得一枚金盾，现在就可以把盾牌涂上自己喜欢的颜色了。

舅舅：气象启蒙课的第一讲就是当好天气预报员。上好这一课，你们才能快速地了解一些气象知识和技能。

任务清单一：认识天气预报常用的的天气符号

巴迪：这些天气预报符号真有趣，我根据它们的特征编了一个《天气预报歌》。奇奇、妙妙，你们能把《天气预报歌》补充完整吗？

天气预报歌

太阳高照天气（　　），
乌云飘浮天气（　　）。
太阳露出半张脸是晴间多云，
小雨落下一两点，
雨点越多雨越大。
中雨、大雨和暴雨，
做好防汛很重要。
太阳未走阵雪下，
一片雪花是（　　），
两片雪花是（　　），
三片雪花是（　　），
四片雪花是暴雪，
有雨有雪雨夹雪，
冰雹好像糖三角。
一面旗子迎风展，
风杆、风旗和风尾，
八个风向八种风，
短线、三角表风力，
一条短线二级风，
变成三角是风旗，
风力至少是八级。

任务清单二：我是小小天气预报员

1. 看看下面的城市天气预报图，你能像个天气预报员一样，给大家播报一下天气吗？

世界主要城市天气预报

城市	天气	气温
东京	多云	12℃/22℃
曼谷	阵雨转多云	27℃/34℃
新德里	晴	30℃/42℃
悉尼	晴	11℃/22℃
卡拉奇	晴	28℃/36℃
开罗	晴	13℃/26℃
莫斯科	阵雨	10℃/17℃
法兰克福	多云	10℃/23℃
巴黎	多云	10℃/20℃
伦敦	小雨	9℃/20℃
纽约	小雨	12℃/20℃

全国部分旅游景区气象预报

景区	天气	气温
安徽黄山	多云	9℃/16℃
广西桂林	多云转晴	17℃/29℃
辽宁大连	晴	15℃/22℃
云南西双版纳	小雨	20℃/22℃
山西临汾吉县	晴	6℃/18℃
山西五台山	晴	4℃/14℃
甘肃敦煌	晴转多云	8℃/26℃
江西井冈山	多云	11℃/20℃
四川乐山	多云	16℃/26℃
四川九寨沟	晴	1℃/18℃

奇奇：请大家跟我一起来看看左图中世界主要城市第二天的天气预报：

东京（　　　　　　　　）、开罗（　　　　　　　　）、

巴黎（　　　　　　　　）。

妙妙：请大家跟我一起来看看全国部分旅游景区气象预报：

安徽黄山（　　　　　　　　）、广西桂林（　　　　　　　　）。

2. 你能从下面这个天气预报图中选择一天，描述一下这座城市当天的天气情况吗？

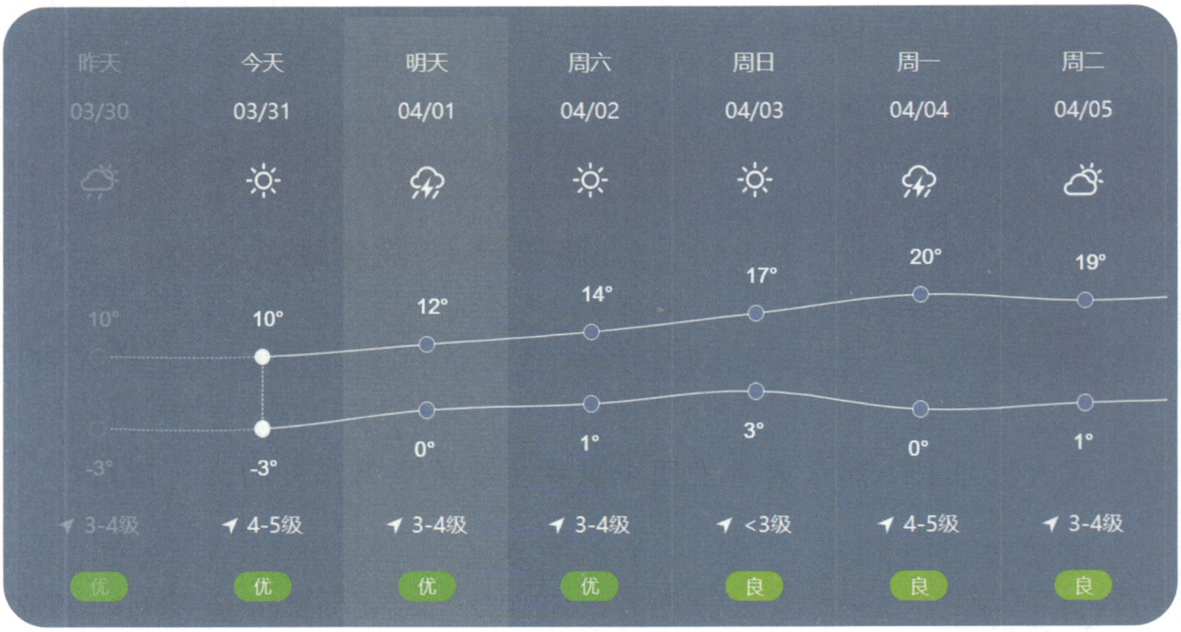

根据天气预报图进行分析，如果巴迪和奇奇、妙妙想在 4 月 4 日这天外出，应该注意什么？

恭喜你们学会了看懂气象预报。这样，你们在查阅资料的时候，就会方便很多。你们圆满地完成了任务，可以得到一枚金盾，现在就可以涂上自己喜欢的颜色了。

第二关　了解全球气候变暖的现状

奇奇：舅舅，我想问一下，全球真的变暖了吗？我怎么感觉不到呢？

巴迪：我想，我们应该看一看 20 年前的气温数据，再和最近几年的数据做一下对比分析，这样才能看出一些问题。

舅舅：孩子们，根据世界气象组织发布的报告显示，2020 年的全球平均气温，比工业化前约升高了 1.2℃。如果保持目前二氧化碳的排放水平，到本世纪末，地球的气温将上升 3~5℃，那样就会给地球和人类带来无法预知的灾难。现在，咱们就一起去我们气象站的资料室，那里有你们需要的资料。

魔镜：我教你们一项特殊技能——绘制统计表，这项技能可以帮助你们分析问题，解决问题。

1. 统计表和统计图：

把收集到的资料进行数据整理后制成表格，用来分析情况、反映问题，这种表格就叫统计表。统计是研究如何搜集、整理和分析统计资料的理论与方法。收集和整理数据直接关系着统计的结果是否正确。收集和整理数据时，往往要对数据进行分类和计数。用点、线、面等表示相关联的量之间的关系的图形，叫作统计图。

2. 统计表的基本构成：

①总标题——概括统计表中全部资料的内容，是表的名称。

②横行标题——表示各组的名称，它说明统计表要说明的对象，是横行的名称。

③纵栏标题——表示汇总项目即统计指标的名称。

④数字资料——是各组、各汇总项目的数值。列在各横行标题与各纵栏标题的交叉处，即统计表的右下方。

3. 统计表的主要作用：

能用数量把研究对象之间的变化规律显著地表示出来，这样便于人们用来分析问题和研究问题。

4. 如何求平均数?

算术平均数是指在一组数据中所有数据之和再除以数据的个数。

$$M=\frac{x_1+x_2+\cdots\cdots+x_n}{n}$$

提示：你可以借助工具来计算，比如电脑或者计算器。合理地利用工具，可以助你事半功倍。

巴迪：我们该怎样查询20年前的天气情况呢？

舅舅：你们可以试试这个网站。

推荐两个可以查询历史天气的网站，进入后选择历史天气，可以查询近几年的历史数据，你也可以自己在百度上进行搜索，此外，还有很多网站都可以查询往年的历史数据。

http://www.tianqi.com 天气网

http://data.cma.cn 中国气象数据网

任务清单三：查找多年前的资料

奇奇：我们应该查询同一历史时期的数据，这样才能比较出来温度的变化。

舅舅：除了用统计表进行统计分析，你们还可以绘制一个折线图，这样才能让变化一目了然。

巴迪：我要查询北京最近 20 年 5 月 1 日当天的天气情况。

奇奇：我要查询上海最近 20 年 10 月 1 日当天的天气情况。

妙妙：我要查询海口最近 20 年 1 月 1 日当天的天气情况。

绘制关于北京 2003 年 ~2023 年 5 月 1 日天气情况的折线图。

任务清单四：对比气温折线图，说说自己的发现

魔镜有话说

你还可以从以下几个方面进行分析：

1. 将每个月同一天的数据进行对比分析。
2. 统计极端天气发生的情况。
3. 将每年平均气温进行比较。
4. 将每年的最高温和最低温进行对比。

第三关　分析全球气候变暖的原因

舅舅：通过数据分析，可以了解气候变暖的趋势，那你们知道为什么全球气候会变暖吗？

奇奇：我想上网查资料。

巴迪：我觉得可以去图书馆看看相关的书籍、报纸。

任务清单五：展示查询结果

奇奇：我通过上网查资料发现造成全球气候变暖的根本原因之一是人口剧增。从1930年的20亿到2023年6月的80亿，世界人口增加了60亿。由于人口激增，排放的二氧化碳不断增加，温室效应也不断增加。

巴迪：我了解到除了人口剧增，影响全球气候变暖的另一个原因就是海洋生态环境恶化，海平面不断升高，水资源污染严重。

妙妙：对，大气环境污染也是导致全球气候变暖的重要原因。此外，森林资源的减少也造成了全球变暖。

除此之外，你们认为造成全球气候变暖还有什么原因？请进行补充。

第四关　总结全球气候变暖的影响

奇奇：全球气候变暖，气温升高，造成北极冰川融化，使北极熊生存面临危机。全球气候变暖对我们人类有什么危害呢？

妙妙：我来回答，通过查阅资料我了解到冰川融化，海平面就会不断上升，一些城市会面临被淹没的危险，比如：上海、天津、湛江、广州、厦门。因为它们都是沿海城市。

舅舅：为什么这几个城市会最先被淹没呢？巴迪，你能结合地理知识，分析一下吗？

巴迪：这个……我还是请求援助吧！谁来帮帮我？

____

____

舅舅：你们知道吗？因为气候变暖，干旱、台风等极端天气的出现会越来越频繁。你知道，中国的哪些城市最容易受到台风天气干扰吗？

巴迪：啊，我继续求助！

____

____

舅舅：你还了解哪些极端天气？

巴迪：我这里有一份介绍龙卷风的资料，咱们一起看一看。

可怕的龙卷风

龙卷风是自然界中最猛烈的暴风雨之一。在美国，龙卷风每年都会引起大范围的破坏，致使数以百计的人死亡，并导致数十亿美元的损失。龙卷风也叫作气旋或者旋风，它们具有旋转和气旋的形状，并呈现出许多形状、颜色和尺寸，由于它们形成的大气条件不同，所以它们的强度也不同。

当龙卷风着陆时，会使几千米范围内遭到破坏。龙卷风能把建筑物夷为平地，把大树连根拔起，把汽车抛到几百米之外。龙卷风是非常危险的，当龙卷风接近时，人们应该立即隐蔽起来。

奇奇：极端暴雨、高温、沙尘暴、雾霾等都属于极端天气，你还了解哪些极端天气？

妙妙：你们可能还不知道，因为气候变暖，导致低空臭氧浓度增加，这对人体健康是非常不利的，可能会引发肺部疾病。

奇奇：高浓度臭氧能破坏植物吸收二氧化碳的能力，加剧温室效应，降低植物的生长力。臭氧污染会造成严重的经济损失。比如，臭氧会让植物叶片坏死、脱落、长漂白斑、生长受抑制，从而造成农作物减产。

舅舅：资料显示南北极的冰川融化，很有可能激活某些可怕的病毒。

冻土融化释放远古超级细菌：大量生物死亡

今年夏季在偏远的西伯利亚发生的炭疽疫情导致一名 12 岁男孩死亡。并使亚马尔半岛近 100 人因疑似感染被隔离，其中至少有 20 人确诊感染了这种潜在的致命疾病。此外，当地还有 2300 多只麋鹿死于感染。其感染的原因是解冻的永久冻土（永远冰冻的土层）。

据俄罗斯官方资料，解冻的永久冻土向附近水域和土壤中释放了此前处于稳定状态的炭疽杆菌芽孢，并进一步进入食物链。此次痘情是该区域时隔 75 年后的再次暴发。

研究人员近年来一直预测，全球变暖的一个效应是永久冻土中的物质，比如古细菌，可能会随着温度攀升而被释放。科学家表示，它们中包括人类并未准备好应对或是尚未对其产生免疫力的感染剂。现在，人们正在见证这一理论预测变为现实：来自深层冻土的传染性微生物。

（注：环球网转载科学网 2016 年 11 月 2 日消息）

奇奇：大家看看这则新闻。

巴迪：看来气候变暖，对我们人类的影响真的不小啊。

气候变暖对我们人类的生产、生活还有哪些影响？回答正确，可以获得一枚金盾。

第五关　阻止全球气候变暖

早在 2005 年中国政府在“十一五”规划纲要中，就提出要节能减排，并在能源结构上做出了调整，煤炭、石油这样的“排放大户”比重下降，水电、核电、风电等清洁能源的占比在逐年上升。中国 2020 年碳排放强度与 2015 年相比降低了 18.8%，节能减排已经取得了一定胜利。

妙妙：我在查阅资料的时候了解了温室效应加剧带来的严重后果，让我们一起想想办法，来阻止地球气候的变暖吧。

舅舅：你们需要继续完成四项任务，才能找到阻止全球气候变暖的方法。

巴迪：没问题，我们有信心完成任务。

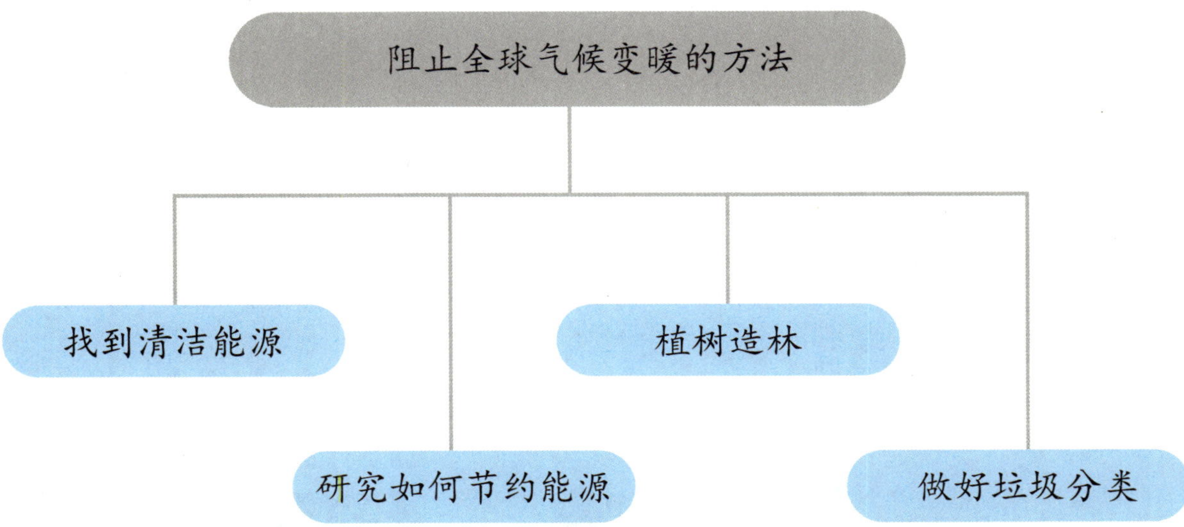

任务清单六：尝试找到可以替代煤炭、石油等排放大户的清洁能源

任务清单七：研究如何在家庭或学校节约能源

设计一个家庭（班级）节约能源计划表

任务清单八：写报告书

查阅资料，以某一地区植树造林情况为案例，研究植树造林对阻止全球气候变暖所起的作用，并写一份报告书。

任务清单九：做好垃圾分类工作

1. 垃圾分类的意义

做好垃圾分类工作，可以保护环境，减少环境污染，还能提高广大居民节约能源的意识，可回收垃圾能再次利用，就连厨余垃圾也能变废为宝，进行沼气发电，利国利民，有效缓解全球气候变暖。

2. 如何做好垃圾分类

奇奇：我认识垃圾箱，红颜色的是装有害垃圾的，蓝色的用来装可回收垃圾，绿色的用来装厨余垃圾，灰色的用来装不可回收的其他垃圾。

巴迪：该怎样分辨可回收垃圾、厨余垃圾、有害垃圾和其他垃圾呢？

妙妙：我们来帮助你对下面的垃圾进行分类，把它们送回各自的家！

A. 可回收垃圾　　B. 厨余垃圾　　C. 有害垃圾　　D. 其他垃圾

1. 旧衣服　（　　　）　　4. 过期的化妆品　（　　　）

2. 过期药　（　　　）　　5. 手机电池　（　　　）

3. 茶叶　（　　　）　　6. 卫生纸　（　　　）

恭喜你们闯关成功，可以获得一枚金盾，赶快涂上自己喜欢的颜色吧！

第六关　写倡议书

舅舅：祝贺你们已经连闯五关，可是单凭你们几个的力量还不能阻止全球变暖，也不能解救北极熊。

巴迪：那我们该怎么做呢？

舅舅：你们应该号召更多的人了解并实现碳中和。

妙妙：什么是碳中和？

奇奇：我知道，世界上目前已经有 170 多个国家签署了《巴黎协定》，陆续给出了本国实现碳中和的时间表。2020 年 9 月 22 日，在第 75 届联合国大会一般性辩论上，习近平主席宣布，中国的二氧化碳排放力争于 2030 年前达到峰值，努力争取 2060 年之前实现碳中和。

任务清单十：了解碳达峰和碳中和

碳达峰指的就是我国承诺到 2030 年，二氧化碳的排放不再增长，到达峰值后逐步降低。

碳中和是节能减排的术语，具体指国家、企业、产品活动或者个人在一定时间内直接或者间接产生的二氧化碳或温室气体排放的总量，通过植树造林、节能减排等形式抵消，达到相对“零排放”。

巴迪：该怎样实现碳中和呢？

奇奇：是啊，我们的生产生活又不能不排放二氧化碳！

妙妙：我查阅资料得知，根据行业标准，燃烧 1 吨煤大约产生 2.8 吨二氧化碳温室气体。两台亚临界 330 兆瓦的火电机组每年大约会向大气排放 250 万吨二氧化碳温室气体。

巴迪：天呐，250 万吨！这可怎么办？

妙妙：可以一方面节能减排，一方面加大力度植树造林。

巴迪：除了种树，我们还能做些什么？

奇奇：我们了解一下 2022 年北京冬奥组委会是怎么做的吧！

2022 年北京冬奥会场馆“冰丝带”是冬奥历史上第一个使用二氧化碳作为制冷剂的速滑场馆，碳排放趋近于零，实现了碳中和。而且 2022 年北京冬奥会采用微火的点火方式也充分显示了低碳理念。因此，2022 年的北京冬奥会堪称“绿色奥运”“科技奥运”。

你们能查阅资料，将表格补充完整，并进行比较分析吗？

	每小时消耗燃气数（m^3）	每小时排放二氧化碳（kg）	燃放天数（天）	二氧化碳总排放量（kg）
2008年北京奥运会火炬				
2022年北京冬奥会火炬				

作为首届实现碳中和的奥运盛会，北京冬奥会为了节能减排，还在如下方面做了努力：

1. 大量使用光伏和风能发电。

2. 地方捐赠林业碳汇。

北京市政府和张家口市政府分别完成了71万亩新一轮百万亩造林绿化工程和50万亩京冀生态水源保护林建设工程。

3. 企业赞助核证碳减排量（中石油、国家电网、三峡集团等）。

4. 改造首钢工业主题园区，综合利用旧厂房，利用光伏发电、太阳能照明、雨水收集和利用，满足绿色高标准的冬奥组委会办公需求。

你们还了解什么？说说看。

21个场馆通过绿电交易平台采用绿色电力，至冬残奥会结束，共消耗电约4亿度，可以减少煤燃烧12.8万吨，减排二氧化碳32万吨。

节能材料优化设计，智能造雪，环保二氧化碳制冷剂等技术。冰上项目场馆全部采用不破坏臭氧层跨临界的直冷制冰技术。

1. 启动清洁能源车辆服务。
2. 提升交通运行效率。
3. 综合利用智能交通系统和管理措施。

北京冬奥会为什么被称为“绿色奥运会”？你还有什么发现？快和大家分享一下吧！

奇奇：我们每个人的生活和碳排放都密切相关。

巴迪：真的吗？

妙妙：我们每天一起床就有可能和碳排放有关了！

巴迪：怎么会？你们人类起床的第一件事不就是刷牙吗？

奇奇：碳排放主要和石油、煤有关系。我们的牙刷是塑料做的，塑料是石油制成的。

巴迪：那我早上吃早餐和碳排放应该没有关系吧？

妙妙：有关系啊！你喝的牛奶来自母牛，而牛会放屁，排放出甲烷，能增加温室效应。你吃的面包、喝的小米粥来自于谷物，而谷物在生长过程中需要施肥，在食品加工和运输的过程中也会产生碳排放。

巴迪：是这样啊，那大家还是别吃早餐了，赶快穿上校服去上学吧！

奇奇：你穿的校服在生产加工的过程中也会产生碳排放啊！还有，你怎么上学？坐公交、地铁，还是乘坐私家车？交通工具的运行也会产生碳排放。

巴迪：啊，那我就待在家里，哪儿也不去了！

奇奇：房子是由水泥、木材、砖瓦建成的，在生产制造过程中也会产生碳排放。

巴迪：我知道了，只要生活在地球上就会产生碳排放，所以，每一个地球公民都要参与“碳中和”行动！

开心闯关

1. 气候变化最主要的原因是（　　　）。

A. 地壳运动　　　　B. 农业活动

C. 自然灾害　　　　D. 能源活动

2. 碳关税的征收对象是（　　　）。

A. 进口的高能耗产品　　　　B. 进口的低能耗产品

C. 进口食品　　　　D. 进口农产品

3. 在（　　　）召开的第一次世界气象大会上，科学家们将全球变暖问题提上了科学研究的日程。

A. 巴厘岛　　　　B. 多伦多

C. 日内瓦　　　　D. 哥本哈根

4. 如果世界上没有森林，陆地上的生物将减少 90%；有 250 万个生物物种将要灭绝，空气中的氧气将要减少（　　　）分之（　　　）。

A. 三，二　　　　B. 二，一

C. 三，一　　　　D. 四，三

5. 大气中二氧化碳与日俱增的原因是（　　　）。

A. 海平面上升　　　　B. 臭氧层大气破坏

C. 湖泊减少　　　　D. 大量燃烧煤、石油等巴迪：现在我们就来写一封倡议书吧，让更多的人能够认识到节能减排的重要性，让大家加入我们的行列，积极行动，一起来“拯救北极熊”！

完成了《倡议书》，可以获得一枚金盾，涂上自己喜欢的颜色。

小朋友们，你们已经获得了几枚金盾？感谢你们为帮助巴迪回家做出了努力！

请你代表巴迪和红樱少年团的同学们给北极熊村长写一封回信吧！拯救北极熊行动，从“我”做起，从现在开始！

参考答案：

第一关：2、3、4 题的表述是正确的，第 1 和第 5 题的表述是错误的。温室效应是大气保温效应的俗称，又叫花房效应。大气使太阳的短波辐射到达地面，地表受热后发出的大量长波热辐射线被大气吸收，于是地表和底层大气的温度就会增高，就形成了类似于栽培农作物的温室，因此，被称为温室效应。温室效应并非魔鬼，如果没有温室效应，我们的地球表面就会寒冷无比，而温室效应不断增加就会造成全球气候变暖。对人类生存造成危机的根本原因是全球气候变暖，不是温室效应。

还有，冬季的南极比冬季的北极更冷。这主要取决于三个条件：陆地与海洋的比重不同，南极和北极的海拔不同，冬季时南极和北极距离太阳的远近不同。

第五关：1.（ A ） 2.（ C ） 3.（ B ）

4.（ C ） 5.（ C ） 6.（ D ）

第六关：1.D 2.A 3.C 4.A 5.D

巴迪的科学探秘之旅⑦

我是名侦探

陈淑兰 主编
刘 怡 编著

首都师范大学出版社
CAPITAL NORMAL UNIVERSITY PRESS

图书在版编目（CIP）数据

巴迪的科学探秘之旅. 我是名侦探 / 陈淑兰主编 ; 刘怡编著. — 北京 : 首都师范大学出版社, 2023.8

ISBN 978-7-5656-7682-6

Ⅰ. ①巴… Ⅱ. ①陈… ②刘… Ⅲ. ①科学知识—少儿读物②侦查—少儿读物 Ⅳ. ① Z228.1 ② D915.18-49

中国国家版本馆 CIP 数据核字（2023）第 138089 号

BADI DE KEXUE TANMI ZHI LÜ　WO SHI MINGZHENTAN

巴迪的科学探秘之旅　我是名侦探

陈淑兰　主编　　刘怡　编著

责任编辑　丁燕伟

首都师范大学出版社出版发行

地　址　北京西三环北路 105 号

邮　编　100048

电　话　68418523（总编室）　68982468（发行部）

网　址　http://cnupn.cnu.edu.cn

印　刷　北京印刷集团有限责任公司

经　销　全国新华书店

版　次　2023 年 8 月第 1 版

印　次　2023 年 8 月第 1 次印刷

开　本　889mm×1194mm　1/16

印　张　19.75

字　数　216 千字

定　价　96.00 元（全八册）

目　录

巴迪前传

巴迪是来自 M 星球的小王子，因为误闯迷宫，被蓝发魔王诅咒，变成了一只袖珍小狮子。巴迪被彩虹龙卷风带到了北京西山脚下的红樱小学。除了随身携带的一面魔镜，巴迪一无所有。魔镜告诉巴迪，要想复原，并回到自己的星球，需要通过**数道难关**，集齐 **52 枚金盾**，完成对地球的科学探究。他该如何迎接重重挑战，踏上回家的路？

好在巴迪在红樱小学结识了热情好学的奇奇、妙妙两兄妹和其他师生，与他们成了知心好友。由此，他们带着魔镜踏上了神奇的科学探秘之旅。他们在学校、家庭、大自然、社会中展开了对物质科学、生命科学、地球与宇宙科学以及技术与工程方面的探究。这一路，他们将紧密合作，共同发现，大胆尝试，积极创新。如果闯关成功，小狮子巴迪就能恢复王子的样貌，从而顺利地回归自己的星球。小朋友们，你们愿意帮助巴迪完成心愿吗？快快加入我们的科学探秘行动吧！

第一关　案情回顾

红樱小学种植社的成员每周一和周五都会进入种植园给植物浇水。可是上周一，种植园内发生了一件令人匪夷所思的事情：植物园的一角莫名其妙地多了一盆植物——小彩椒。这盆植物是谁带来的呢？社团的同学们四下询问，却没有找到答案。这是怎么回事？于是，种植社的同学们找来了学校“侦探社”的巴迪、奇奇和妙妙，请他们来协助调查。

巴迪进入植物园，一眼看见摄像头，他眼珠一转，计上心来，决定调取监控。于是，大家一起来到学校的监控室，打算一探究竟。可让人意外的是，监控室的负责人——保安大刘叔叔说事情不巧，上周一学校的监控恰巧在维修……大家顿时陷入迷茫。接下来该怎么办？这盆花究竟是谁拿来的？

你可以与种植社团的成员联合成立一个专案组，并根据调查内容给你们的专案组起个恰当的名字，随后团队成员将在接下来的旅程中协同破案。

专案组档案

专案组名称：________________

专案组队长：________________

专案组成员：________、________、________、

________、________。

你们可以携带一些工具辅助破案，如：手套、放大镜、尺子等。

侦探集训营

谁是最后离开的人

某珠宝店里一共有 4 个工作人员：店长大壮、导购小美、收银员小丽、保安大健。珠宝店有一条规定：谁最后一个离开，就要负责把珠宝收进保险柜，并锁好防盗门。可是这天，有人最后一个离开，但是忘了把珠宝放进保险柜，并忘记锁防盗门，结果珠宝被洗劫一空。警察前来调查，几个人分别作了回答，而且谁都没有说谎，你能根据他们的回答，判断出谁是最后一个离开珠宝店的吗？

店长大壮：我和大健合租一套房子，我回家的时候，看见他在厨房做饭。

大健：我早就到家了，不清楚是谁最后离开了珠宝店。

小美：我经过店长家，看见他到楼下倒垃圾。

小丽：我就住在小美家楼下，我刚进家，就听到她在楼上唱歌。

你能推断出这四个人中谁是最后离开珠宝店的吗？

你答对了吗？回答正确的同学可以获得一枚金盾，可以涂上自己喜欢的颜色！

第二关　寻找线索

侦破工作该从哪里开始呢？根据以往在“侦探社”学习到的知识，巴迪协同专案组的成员们一同来到了“案发现场”——种植园。他准备在这里找寻线索。

种植园内有很多区域，有蔬菜种植区、中草药种植区、花卉种植区、无土栽培区，还有阳光房。这么大的区域，该如何寻找线索呢？

妙妙：我是侦探迷，我记得侦探书里提到过，在案发现场，有可能找到“嫌疑人”留下的脚印、作案工具、衣物被刮到后留下的残留织物等。尤其是在这盆新出现的植物旁很可能留下一些线索，咱们还是仔细找一找吧。

巴迪：对！我们可以寻找脚印和指纹。

专案组的成员们经过分工，开始分头寻找和采访调查。由于种植园进出的人比较多，脚印已经无法分辨，但是，除了案发现场小彩椒的旁边有一些被撒的土，其余地方没有发现明显异常情况。由于平时只有种植社的成员才能进入种植区，于是，大家把“嫌疑人”先暂时确定为种植社的成员。

巴迪：大家快来看，我发现了一个手掌印！

奇奇：我也发现了一个指纹。

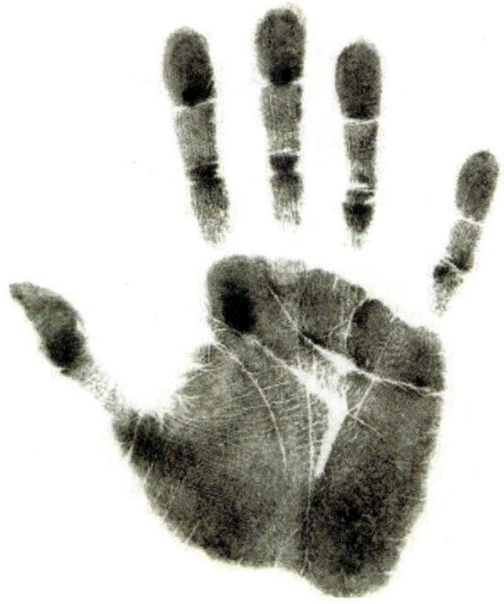

妙妙：天啊，这个发现太重要了！指纹和手印有助于我们更快地找到“嫌疑人”。

魔镜小课堂：如何寻找破案线索？

寻找破案线索，是侦破案件的关键，也是公安部门进行案件侦破的前提和基础，因此至关重要。

1. 为了寻找出破案线索，就要精心研判第一犯罪现场的人证、物证，并且对其生物表象进行仔细梳理，以找到突破口。

2. 为了寻找破案线索，就要在物证中找出与案发现场特征性最接近的线索，比如受害人的伤口特征等。

3. 为了寻找到破案线索，就要在确定出作案动机时，努力挖掘出直接关系人和联系人，可以从人证入手，找出线索。

侦探集训营

（一）指纹

有个小偷戴了手套，穿了鞋套，趁主人一家外出度假从窗户爬进了屋内，把房间里值钱的东西都装进了一个大口袋里。可是临出门时，他手背很痒，于是摘下手套，挠了挠，出门以后，他小心地把门把手上的指纹擦拭干净才离开。主人回家后发现家里进了贼便报了警。警察来了以后仔细检查，终于在一个地方找到了嫌疑人的指纹，你知道小偷是在什么地方留下了指纹吗？

A. 窗台上。

B. 玻璃上。

C. 屋内的门把手上。

D. 屋外的门把手上。

（二）他说谎了

大侦探马可接到警方电话，说一个经常在野外进行地质考察的学者，在草原考察时死了。马可来到现场，发现了学者躺在树下的帐篷里。学者的助手说他们昨晚在树下露营，结果第二天一早他就发现老师死了。

法医鉴定学者是误服毒蘑菇身亡。但马可侦探却认为学生说了谎。你知道他为什么这样说吗？

回答正确的同学可以获得一枚金盾！

第三关　掌纹分析

上一关，巴迪和专案组的同学们成功在现场发现了一枚指纹和一个手掌印，有了这个线索，又该如何找到嫌疑人呢？

魔镜有话说

每个人的指纹和掌纹都是不同的，因此，指纹和掌纹可谓我们的第二张身份证，可以用来鉴别身份。如果能找到这个指纹和掌纹的主人，就能找到“小彩椒事件”的相关人了。首先，请同学们破解掌纹的秘密。

奇奇：我们采集到的手纹是右手的手纹，咱们的嫌疑人范围可以先从种植社团的同学入手，让他们每个人印一个右手的手掌纹，咱们比对大小，这样就能找出相关人啦！

妙妙：好方法！我们先召集社团所有成员来取一下掌纹吧，我来准备纸和印泥！

巴迪：我们星球从来没有采集过手纹，这个听起来太酷了，我也来试试！而且我想把你们的手印也留存下来，作为纪念带回家，可以吗？

奇奇：可以的，那我们专案组的同学们也来印手印吧！

妙妙：我先在一张纸上印下自己的手印。巴迪，你快来看！

手印一般分为三部分，从上到下由指印、指节印、掌印三部分组成。

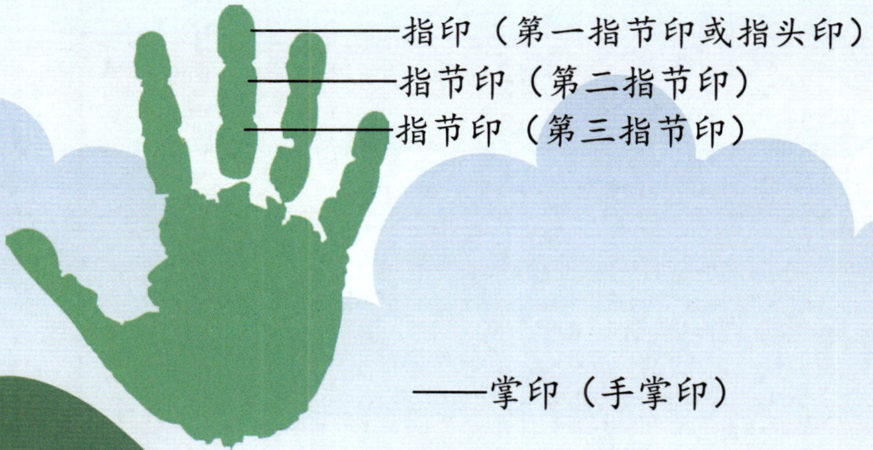

巴迪：好神奇呀！我们也赶快来印下自己的手印吧！

任务清单一：采集专案组成员手印

恭喜你完成任务，可以赢得一枚金盾，赶快涂上自己喜欢的颜色吧！

巴迪：太有意思啦！采集到手印后，我们该怎样与在现场留下的掌纹进行比对呢？

妙妙：这是侦探书中介绍的手印形态，你们看！对比时，我们可以从这两部分入手，重点观察，看看有没有跟我们发现的手印是一模一样的或者是相似的。

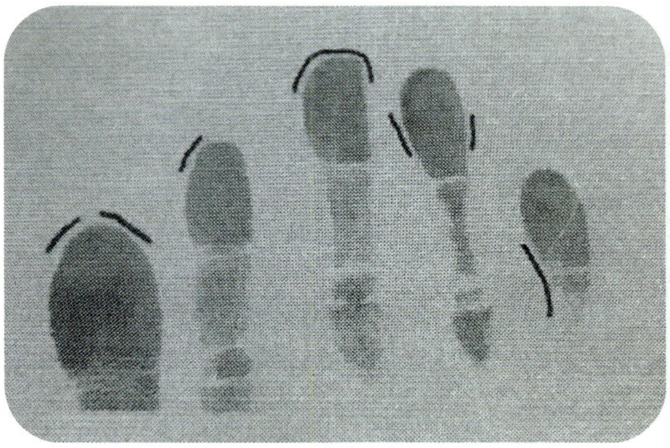

各指正面印形态

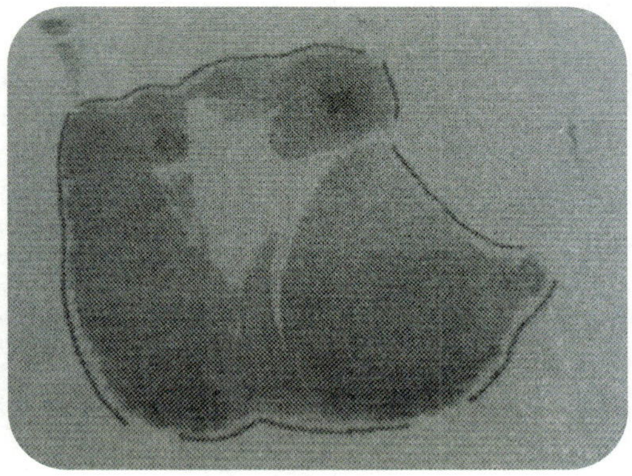

掌印轮廓形态

奇奇：所有种植社的人员的右手手印已经采集完毕啦，我们来对比一下！

大家上前对比手印后发现12个人中，有3人的手印与“案发现场”的手印大小吻合。他们的学号分别是5号、8号和25号。

案情有了新的进展，嫌疑人也缩小了范围。由12人缩小到了3人。

任务清单二：采集自己的手印

刚才你已经采集到了专案组其他五人的手印，现在也采集一对你自己的手印吧！并注明左、右手。

手印采集好了，恭喜你顺利完成本次任务，可以赢得一枚金盾，现在就去给金盾涂上自己喜欢的颜色吧！

第四关　指纹揭秘

在第三关，巴迪和专案组的成员经过比对手印，成功将嫌疑人的范围缩小到了 3 人。下一步该怎么做呢？

别忘了，你们还采集到了指纹！

妙妙：对了！我们还有指纹，这可是个重要的线索！

巴迪：指纹？我们该怎么通过指纹辨别嫌疑人呢？

魔镜小课堂：指纹在刑事侦查中是进行人身鉴定的重要依据

指纹是世界上公认的也是最重要的个体特征之一，被广泛应用于刑事侦探和保密工作之中。根据史料记载，秦朝就已经有人开始通过手印来侦查案情，唐朝时人们习惯在文契上使用指印。可以说我们国家是世界上最早使用指印的国家。

任何罪犯都有可能在犯罪现场留下指印。手掌上的皮肤不断分泌汗液，即便看起来很干净的手与其他物体表面接触也能留下汗垢指印。

指纹有以下三个特点：

1. 终生不变。2. 可识别。3. 可分类。

基于以上大致特点，公安机关办理案件时常常会使用指纹鉴别方法。

巴迪：原来如此，看来在你们星球，指纹是非常重要的破案线索啊！

妙妙：正是因为指纹有这些特性，所以在现实生活中，指纹除了可以用来破案，还有很多其他的用途呢！

奇奇：我想到啦！家里防盗门用的就是指纹锁，还有我妈妈上班考勤需要刷指纹！爸爸妈妈用手机付款时也会用指纹……

妙妙：我爸爸是医生，我曾听爸爸说，现在通过指纹就能查出某些疾病呢！

巴迪：哇，原来指纹的用途这么广泛而重要啊！我们星球的人要是也有指纹该多好……不过我很好奇，警察叔叔在破案的过程中，是怎么发现指纹的呢？所有指纹都很明显吗？

魔镜小课堂：指纹可以分为三类

第一类是明显纹，就是目视即可见的纹路。如由于手沾油漆、血液、墨水等物品转印而成，通常都是印在指纹卡上成为基本资料。

第二类是成型纹，这是指在柔软物质，如手接触压印在蜡烛、黏土上留下的指纹。

第三类是潜伏指纹，这类指纹是经身体自然分泌物如汗液，转移形成的指纹纹路，目视不易发现，是案发现场中最常见的指纹。

潜伏指纹往往是手指先接触到油脂、汗液或尘埃后，再接触到干净的物体表面而留下的，虽然肉眼无法看到这类指纹，但是经过特别的方法及使用一些特别的化学试剂加以处理，这类潜伏的指纹即能显现出来。

巴迪：那看来我们找到的是成型纹！

奇奇、妙妙：有什么办法能将其他类型的指纹也呈现出来呢？

巴迪：魔镜，魔镜，请你快点告诉我们吧！

魔镜小课堂：呈现指纹的方法

1. 物理法

如果指纹是留在金属、塑胶、玻璃、瓷砖等非吸水性物品的表面，通常可以用物理方法使指纹显现出来。

（1）粉末法：选择颜色对比大的粉末，撒在上面提取出完整的指纹。

（2）磁粉法：以微细的铁粉颗粒，用磁铁作为刷子，来回刷扫，显现指纹。

（3）激光法：随着激光技术的发展，可以用激光来显示指纹。显示装置采用氩离子激光器。激光能够显示指纹，那是因为人的手指表面，总有一层汗液及脂肪酸，接触物体后便会留下不显眼的指印；用激光一照，汗液、脂肪酸等会发出彩色荧光，指纹便会一清二楚。用专门的指纹摄影机拍出清晰的指纹照片。照片经放大后，能给鉴定工作带来不少方便。

用这种现代化的方法，能拍出留在人的皮肤上的指印。这一点十分重要，因为发生凶杀案时，罪犯常与被害者搏斗，于是被害者皮肤上往往就会留下罪犯的指印。过去，刑侦人员很难查出留在皮肤上的指印。

另外，用这种方法，还能清晰地拍出几年前残留在书页、报纸上的指印。公安人员曾在两封写于 14 个月前的信上，用激光显示出清晰的指印。还用激光在一本旧书上找到 9 年前留在书页上的指印。

2. 化学法

如果指纹留在纸张、卡片、皮革、木头等吸水性物品的表面，必须经过化学处理才能在化验室显形。

（1）碘熏法：即使用碘晶体加温产生蒸气，它与指纹残留物的油脂产生反应后，便会出现黄棕色的指纹，必须立即拍照或用化学方法固定。

（2）茚三酮法：将试剂喷在检体上，与身体分泌物的氨基酸产生反应后，会呈现出紫色的指纹。

（3）硝酸银法：硝酸银溶液与残留于汗液中的氯化钠产生反应后，在阳光下会产生黑色的指纹。

（4）荧光试剂法：荧光胺与邻苯二醛迅速与指纹残留物的蛋白质或氨基酸作用，产生高荧光性指纹，此试剂可以用在彩色物品的表面。

（5）三秒胶法：将氰基丙烯酸酯气化，指纹上残留的物质譬如氨基酸和葡萄糖会与气化的胶浆起反应，并使指纹呈现。

此外，还有以下方法：

（1）哈气观察法：向光滑物表面哈气，随后进行观察。

（2）肉眼观察法：借助一定的光线、角度进行观察。借助于逆光，常可使指纹显示出来。这是因为指纹上常沾有灰尘，会吸收光线，呈深色。

（3）放大镜观察法：借助放大镜在一定的光线、角度下观察。

（4）紫外线观察法：借助紫外线的特征进行观察。

（5）理化观察法：对于用肉眼难以观察发现的潜在手印，需借助物理、化学方法处理，以便寻找发现。

（6）氰化胶法：先配制氰化胶和乙醚的溶液，将大小合适的滤纸浸到溶液中，取出晾干后，将滤纸与指纹接触 5 ～ 60 分钟。指纹靠近纸的部分因胶水的作用而挥发，从而在滤纸表面显现图形。

侦探集训营

如果在同卵双胞胎中，有一个人是凶手，想通过鉴别 DNA 的方法找出他们之间谁是真凶几乎是无法做到的，因为同卵双胞胎的 DNA 是一样的！那么，有没有更准确有效的鉴别方法呢？什么才是世界上独一无二的鉴别方法？你们专案组有什么方法？

我们专案组采用的方法是：

理由是：

恭喜你完成本次任务，可以获得第五枚金盾了！

任务清单三：请你选择一种安全的方法，显现指纹，并拍照将图片贴在下面

恭喜你完成任务，可以为第六枚金盾涂色了！

第五关　采集指纹

妙妙：要想对比指纹，就要先了解一下指纹的相关知识。我记得书上说过，指纹有3种基本类型——斗型、弓型和箕型。将采集到的这些指纹，与在案发现场遗留下来的指纹进行比对，就能找出究竟是谁把小彩椒放在植物园的了。

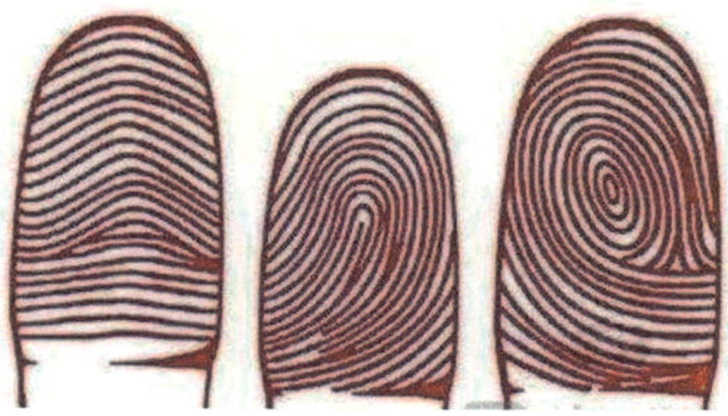

弓型　　箕型　　斗型

魔镜小课堂：指纹的三种形状

指纹纹路有三种基本形状——斗型（whorl）、弓型（arch）和箕型（loop），皮下组织对指肚表皮顶压方向的不同造就了不同的形状。研究表明，如果某人指头肚高而圆，其指纹的纹路将是螺旋型（箕型或斗型）。

巴迪：那我们每人也印一个指纹吧！顺便也让那三名同学印一下指纹。

妙妙：可以，不过我们只能根据手印判断这枚留下的指纹可能是右手的，但无法确定是右手哪个指头上的，所以需要采集三个人的右手全部指纹。

奇奇：好的，那我们就开始行动吧！

任务清单四：采集自己的指纹

请你试着用蓝色或红色印泥采集左手和右手的指纹：

左手

1. 拇指
2. 食指
3. 中指
4. 环指
5. 小指

右手

1. 拇指
2. 食指
3. 中指
4. 环指
5. 小指

仔细观察自己的指纹，你有什么发现？

恭喜你完成本次任务，可以为金盾涂上自己喜欢的颜色！

专案组的成员很快采集到了三个“嫌疑人”的右手指纹。拿到指纹，又该怎样进行专业的比对呢？

妙妙：我记得侦探小说里介绍过指纹比对的方法。比对指纹，应该从分叉点、终止点、中心点三处进行比对。

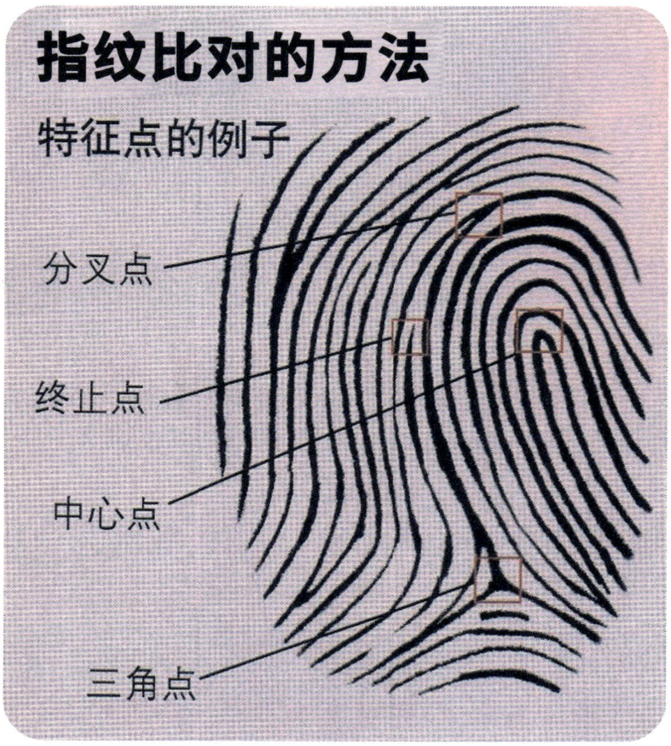

巴迪和专案组的同学们将采集到的指纹仔细地与案发现场的指纹进行了比对，他们有了一个神奇的发现，有两个同学的指纹极其相似，不细看几乎很难发现二者之间的细小区别！这是怎么回事？他们找到了 5 号和 25 号同学，发现他们竟然是双胞胎大胖和二虎！

巴迪：天啊，这个发现太有趣了！果真即便是双胞胎，指纹也是尽可能类似，但不会完全相同。那一家人的指纹也会受到遗传影响而相近吗？

魔镜小课堂：指纹能遗传吗？

虽说世上没有两枚完全相同的指纹，但是同卵双胞胎的指纹比较相似。而且，同一个人不同手指的纹形也有相似之处。研究发现，出现率高的指纹类型存在性别差异和人种差异。例如，中国人、日本人的指纹中，斗型纹和箕型纹的出现率大致相当，共占整体的 90% 以上；欧洲人的指纹中，箕型纹出现率较高；美国人的指纹中，弓型纹的出现率较高。

因为同卵双胞胎或同一人种的指纹具有相似性，所以也可以说指纹是能够“遗传”的。然而，指纹的形成不仅受遗传基因的影响，同时还受环境等因素的影响。

奇奇：巴迪，既然你这么感兴趣，那我们回家后分别也采集一下哥哥、姐姐、爸爸和妈妈的指纹吧！

妙妙：可以，可以，我今晚就采集大家的指纹，明天带来分析一下！

巴迪：太好了！

任务清单五：采集全家人的指纹（根据家庭实际情况采集即可）

家庭关系	右手				
	拇指	食指	中指	环指	小指
爷爷					
奶奶					
父亲					
兄弟姐妹					

仔细观察、比对你采集到的家庭成员的指纹，你有什么发现？

恭喜你完成任务，可以获得第八枚金盾啦！

第六关　寻找新线索

在上一关，巴迪和专案组的成员进行了指纹比对，但是让大家失望的是，竟然没有一个同学与案发现场的指纹吻合，这是怎么回事？难道嫌疑人不是种植社的同学吗？那这个人又会是谁呢？案件一下子变得毫无头绪了，大家也纷纷陷入苦苦的思索之中。

巴迪：魔镜，魔镜，你能帮助我们吗，你还能为我们提供什么新的线索吗？

听其他班级的同学说，有一天看见了奇奇所在班的一名同学好像拿了一盆植物，至于他把植物拿到哪里去了就不清楚了，而且也不确定他拿的是不是小彩椒，也没看清那个人到底是谁。

巴迪：那我们该怎么做？采集班内所有同学的指纹？

妙妙：我觉得咱们可以先比对所有同学的手纹，进行第一轮筛选，然后再针对筛选出的同学进行指纹采集和比对，最后找出这盆小彩椒的主人！

任务清单六：建立班级指纹数据库

巴迪他们去采集指纹了，请你也采集一下自己班级同学的指纹，建立一个班级指纹数据库。

姓名	右手				
	拇指	食指	中指	环指	小指

续表

<table>
<tr><th rowspan="2">姓名</th><th colspan="5">右手</th></tr>
<tr><th>拇指</th><th>食指</th><th>中指</th><th>环指</th><th>小指</th></tr>
<tr><td></td><td></td><td></td><td></td><td></td><td></td></tr>
<tr><td></td><td></td><td></td><td></td><td></td><td></td></tr>
<tr><td></td><td></td><td></td><td></td><td></td><td></td></tr>
<tr><td></td><td></td><td></td><td></td><td></td><td></td></tr>
<tr><td></td><td></td><td></td><td></td><td></td><td></td></tr>
<tr><td></td><td></td><td></td><td></td><td></td><td></td></tr>
<tr><td></td><td></td><td></td><td></td><td></td><td></td></tr>
</table>

续表

姓名	右手				
	拇指	食指	中指	环指	小指

续表

姓名	右手				
	拇指	食指	中指	环指	小指

恭喜你完成本次任务，现在就可以得到第九枚金盾啦！

后记　真相大白

指纹都采集完了！巴迪和专案组的同学们进行分工，仔细地对筛选出来的同学的指纹进行了一一比对，终于确定了“嫌疑人”——小明！

专案组的成员们一起找到小明，询问了植物第一次出现时他在哪里。小明不好意思地说出了原因：他之前做有关植物的研究，曾经从种植园借走了一盆小彩椒，但是不小心把花盆弄坏了，所以他又买了一盆新的小彩椒悄悄地放在了种植园里。

原来如此！专案组的成员们将调查结果向种植社的同学们进行了汇报。大家知道后并没有责怪小明同学，因为他并不是故意损坏公物，而且他已经对自己的过失进行了弥补，知错就改的行为也值得大家学习。

巴迪也很开心，本次闯关活动，他不仅跟着侦探社团的同学们进行了一次指纹破案之旅，还收集到了同伴们独一无二的指纹，这可是他们星球没有的宝贝！最重要的是他赢得了九枚金盾，距离踏上回家之路又近了一步！

本册闯关参考答案：

第一关“侦探集训营”

答案：小丽是最后一个离开珠宝店的人。

第二关“侦探集训营”

（一）答案：C

（二）有经验的野营者不会在大树下搭帐篷，因为一旦下雨，易遭雷击。所以帐篷一定不是“经常在野外进行地质考察的学者”搭的。

第四关“侦探集训营”

方法：用指纹辨别

理由：每个人的指纹都不一样，即便是同卵双胞胎，指纹也会有区别。

巴迪的科学探秘之旅⑧

了不起的中轴线

陈淑兰　主编
鲁建明　编著

首都师范大学出版社
CAPITAL NORMAL UNIVERSITY PRESS

图书在版编目（CIP）数据

巴迪的科学探秘之旅．了不起的中轴线 / 陈淑兰主编 ；鲁建明编著．— 北京 ：首都师范大学出版社，2023.8

ISBN 978-7-5656-7682-6

Ⅰ．①巴… Ⅱ．①陈… ②鲁… Ⅲ．①科学知识－少儿读物②古建筑－建筑艺术－北京－少儿读物 Ⅳ．①Z228.1 ②TU-092.2

中国国家版本馆 CIP 数据核字（2023）第 138099 号

BADI DE KEXUE TANMI ZHI LÜ LIAOBUQI DE ZHONGZHOUXIAN

巴迪的科学探秘之旅　了不起的中轴线

陈淑兰　主编　　鲁建明　编著

责任编辑　丁燕伟

首都师范大学出版社出版发行

地　址　北京西三环北路 105 号

邮　编　100048

电　话　68418523（总编室）　68982468（发行部）

网　址　http://cnupn.cnu.edu.cn

印　刷　北京印刷集团有限责任公司

经　销　全国新华书店

版　次　2023 年 8 月第 1 版

印　次　2023 年 8 月第 1 次印刷

开　本　889mm×1194mm　1/16

印　张　19.75

字　数　216 千字

定　价　96.00 元（全八册）

本期任务：寻访北京中轴线，发现中轴线之美

目录

巴迪前传

巴迪是来自 M 星球的小王子，因为误闯迷宫，被蓝发魔王诅咒，变成了一只袖珍小狮子。巴迪被彩虹龙卷风带到了北京西山脚下的红樱小学。除了随身携带的一面魔镜，巴迪一无所有。魔镜告诉巴迪，要想复原，并回到自己的星球，需要通过**数道难关**，集齐 **52 枚金盾**，完成对地球的科学探究。他该如何迎接重重挑战，踏上回家的路？

好在巴迪在红樱小学结识了热情好学的奇奇、妙妙两兄妹和其他师生，与他们成了知心好友。由此，他们带着魔镜踏上了神奇的科学探秘之旅。他们在学校、家庭、大自然、社会中展开了对物质科学、生命科学、地球与宇宙科学以及技术与工程方面的探究。这一路，他们将紧密合作，共同发现，大胆尝试，积极创新。如果闯关成功，小狮子巴迪就能恢复王子的样貌，从而顺利地回归自己的星球。小朋友们，你们愿意帮助巴迪完成心愿吗？快快加入我们的科学探秘行动吧！

第一关　认识中轴线

魔镜有话说

中轴线是建筑学术语，原指中国古代大建筑群平面中统率全局的轴线，是中国古代建筑的一大特色。所有对称的图形、建筑、物体等都有对称轴，沿着对称轴翻折这些物品，它的两部分都可以重合。现在发给你们一人一张彩纸，试着找一找它们的对称轴，看看哪一种图形能当选对称大王！

奇奇：正方形是轴对称图形，它有四条对称轴，你看，我按四种方法都可以将它对折，并且让两部分重合。

妙妙：长方形也是轴对称图形。可是我试了好几次，发现它只有两条对称轴。

巴迪：哎呀！我也试了半天，这个等腰三角形好像只有一条对称轴哦！如果给我一个等边三角形，就可以找到三条对称轴了！这个圆形最可爱了，只要过圆心对折，每一次两部分都能重合哦！

奇奇、妙妙：哇！那这个圆形一定就是对称大王了！

巴迪：我知道什么是对称轴了！如果一个平面图形沿一条直线折叠，直线两旁的部分可以相互重合，这条直线就是这个图形的对称轴。

魔镜有话说

所有对称的图形都有对称轴，中国古代讲究对称，认为对称不仅符合美学原理，还很科学，你能从现实中找到轴对称的建筑吗？赶快展开竞赛，寻找最美对称建筑吧！

奇奇：我发现我们学校的建筑群就有中轴线，最东边是学校正门，最西边是学校的小西门（消防门），中轴线上从东向西，依次是喷水池、学校教学主楼、运动场、植物园。中轴线两侧对称分布的分别是音美楼和科学实验楼，童趣教学楼和童心教学楼，教师办公楼和食堂。它们都是南北对称的。

妙妙：我们家的房子就有中轴线，从大门进去穿过客厅，尽头是洗手间，所以客厅和洗手间都在中轴线上，从东向西，南边依次是客厅、爸爸妈妈的卧室、书房，北边依次是厨房加餐厅、我的卧室，还有奇奇和巴迪的卧室。

巴迪：哇，这么说，我每天都走在中轴线上哦！哈哈！

奇奇：别傻笑，快说说你发现的中轴线吧！

巴迪：都被你们说光了！我……我向阿明老师求助！

阿明老师：小巴迪啊！上次你去参观的北京四合院，还有你们的教室、图书馆、报告厅内部也有中轴线啊！你们的篮球场、羽毛球场里也有中轴线啊！你不光每天走在中轴线上，还每天坐在中轴线、吃在中轴线、跑在中轴线呢！

巴迪：哇！太酷了！

阿明老师：别得意了！现在请同学们把自己认为最美的有对称轴（中轴线）的建筑或建筑群画下来，然后举办一个“最美对称建筑”的小型展览吧！

任务清单一：绘制一个有对称轴的建筑

任务清单二：绘制一个有中轴线的建筑群

阿明老师：你们能说说第 4 页的这些建筑中，哪些是轴对称建筑吗？

巴迪：哇！有这么多轴对称建筑啊！

阿明老师：除了美观，在建筑中运用轴对称的方法，有什么好处呢？

奇奇：我觉得对称的建筑给人庄严的仪式感和秩序感，比如人民大会堂，一看上去就令人肃然起敬！

巴迪：可能会为生产和生活带来方便吧？

妙妙：是啊！妈妈说我们家的房子是小区的楼王，属于“眼镜户型”，是布局最合理的户型。

巴迪：我们星球的建筑都是不对称的，回去以后我要改造一下！

阿明老师：建筑不一定都要设计成轴对称的，不对称的建筑也会显得富有个性。仁者见仁，智者见智。比如央视新大楼，虽然不对称，但是看上去很有未来感呢。你们知道吗，不仅建筑群有中轴线，城市也有中轴线呢！

巴迪：哇哦！真的吗？

魔镜有话说

许多城市在建设的时候都有自己的中轴线，中轴线上的建筑群两翼对称，景观形态格局整齐。一个城市的中轴线能够体现该城市的政治价值、伦理价值和审美价值。

世界上最长的城市中轴线就是北京的中轴线。指北京城自元大都、明清到新中国成立后北京城东西对称布局建筑物的对称轴。明清时期北京的城市中轴线北至钟鼓楼，南至永定门，直线距离 7.8 千米，是世界上现存最长的城市中轴线，体现了“中正和谐”的文化内涵，是北京城市文化发展脉络的活的文化遗产。

奇奇：中国有上下五千多年的文明，有很多城市都是古都，其他古都也有中轴线吗？

妙妙：西安也是古都，它在唐朝的时候叫长安。

巴迪：我学会上网查资料了。其他古都的确也有中轴线。我知道河南的洛阳是十三朝古都，河南的开封是八朝古都，江苏的南京是六朝古都，它们都有城市中轴线。

奇奇、妙妙：巴迪，你都学会上网查资料了，可真厉害！

巴迪：嘿嘿，士别三日，当刮目相看！我还知道著名的建筑家梁思成先生是这样评价北京中轴线的：“一根长达八公里，全世界最长，也最伟大的南北中轴线穿过了全城。北京独有的壮美秩序就由这条中轴的建立而产生。”

奇奇、妙妙：原来我们北京的中轴线才是世界上最美的中轴线啊！

完成任务就可以获得金盾一枚，赶快给金盾涂上自己喜欢的颜色吧！

第二关　会长个儿的中轴线

巴迪：咱们北京中轴线是什么时候形成的？一开始就这么长吗？

奇奇：我猜中轴线应该是明朝时形成的吧？

妙妙：是不是清朝时形成的呢？

巴迪：魔镜，魔镜，你快点告诉我们答案吧！

北京作为辽、金、元、明、清五朝古都，共遗存两条中轴线，一条是金中都城市中轴线，目前地面已经没有建筑遗存，几乎看不到了。另一条是明清时期逐渐形成规模的中轴线。它南起永定门，北至钟鼓楼，直线距离 7.8 千米，覆盖了北京老城 65% 的面积。这条中轴线见证了古都北京 700 多年的发展和历史变迁。所以说北京的中轴线是会长个儿的中轴线呢！

奇奇：中轴线又不是小孩子，怎么还会长个儿？

巴迪：就是说北京中轴线一开始不是 7.8 千米，是一点一点延长的！

妙妙：是啊！我觉得北京的中轴线还会继续长个儿呢！

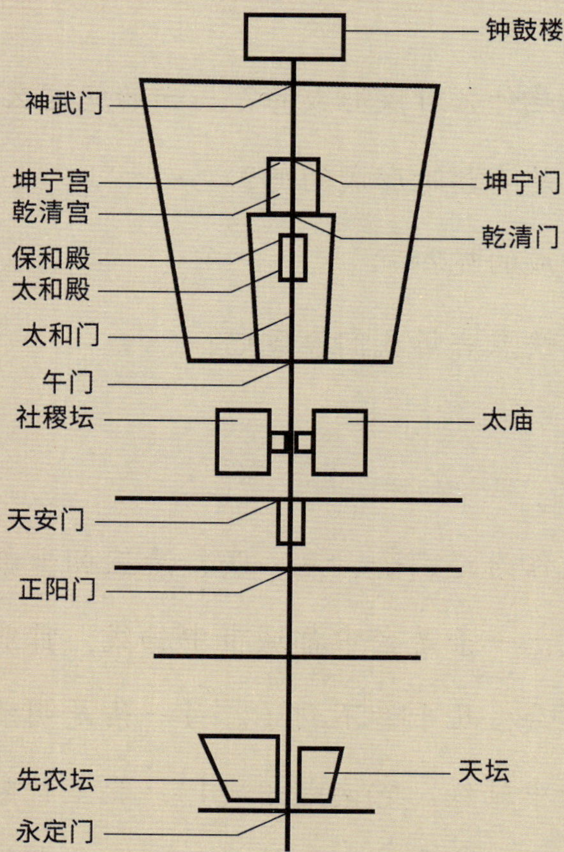

北京中轴线的历史可以追溯到元朝，元世祖忽必烈放弃了金中都，向北建设新国都——元大都，也就是北京城的前身。这时中轴线初具规模，长 3.7 千米。当时的规划师叫刘炳义。明朝初年名将徐达将元大都北城墙南移，中轴线长达 4.78 千米。明朝永乐年间在元大都中轴线基础上修建紫禁城，营建皇都，元大都的南城墙南移 2 千米以上，建成北京内城。明嘉靖年间又增建了北京外城，清朝时基本保持明朝中轴线格局。至此形成中轴线长 7.86 千米。现在你们就分头查阅资料，或者向师长请教一下关于北京中轴线的前世今生吧！

任务清单三：探寻北京中轴线的演变历史

1. 根据以上信息绘制条形统计图，显示中轴线是怎样“长个儿”的。

2. 假如能穿越时空，你想采访哪位中轴线设计师或与中轴线相关的人物？请设计 3 个采访问题。

奇奇：我想采访刘炳义，我会问他：______________________________

____。

妙妙：我想采访徐达，我会问他：______________________________

____。

巴迪：我想采访明成祖朱棣，我会问他：__________________________

____。

完成任务就可以获得金盾一枚，赶快给金盾涂上自己喜欢的颜色吧！

第三关　中轴线和二十四节气

2012 年，北京中轴线入选《中国世界文化遗产预备名单》，2022 年申遗文本通过联合国教科文组织世界遗产中心的审查。这就意味着北京中轴线有可能成为我们国家的第 35 个世界文化遗产。你们知道中国目前拥有哪些世界文化遗产吗？请你说一说，并写下来。

奇奇：我觉得北京中轴线完全有资格申请世界遗产，因为它是世界上最长的城市中轴线。

妙妙：我查阅了资料，知道了北京中轴线最突出的成就是古建筑群。其中还有不少“世界之最”呢！

巴迪：你快说说看！

妙妙：有目前世界上最大的城市中心广场。

巴迪：天安门广场。

妙妙：还有目前世界上最大的宫殿建筑群。

巴迪：故宫！

妙妙：还有最大的祭坛建筑群。

奇奇：天坛！

巴迪：我了解到北京中轴线和中国的二十四节气还有着密切的关系呢！

奇奇：二十四节气不是和农业生产有关系吗，和城市中轴线有什么关系呢？

妙妙：是啊！

巴迪：我先上网查了资料，然后又请教了阿明老师。我请阿明老师给大家讲讲吧！

阿明老师：大家知道北京中轴线上的建筑南起永定门，经过先农坛、天坛、天桥、正阳门、天安门，穿过故宫建筑群、景山、地安门、鼓楼，到钟楼。你们知道这些建筑在古代都是做什么用的吗？

奇奇：故宫是皇帝居住和办公的地方啊！

阿明老师：没错！可皇帝不是宅男，有时候也要外出参加活动，而且总是在春分、夏至、秋分、冬至等节气到固定的地方去主持活动。冬至这天，明清的皇帝就会领着文武大臣们到天坛去举行祭天大典，祈谷求雨，以保来年风调雨顺、五谷丰登。

巴迪：我明白了，天坛是皇帝祭天的地方啊！

妙妙：古代的中国是一个农业大国，科学技术并不发达，农民只能靠天吃饭，所以皇帝要带头求老天爷保佑。

阿明老师：是这么回事！北京中轴线是中国古代农业文明的见证。皇帝很重视农业生产，光到天坛去祭拜还不算，每年的农历二月二皇帝还会率领文武大臣到先农坛去祭祀，皇帝还会亲自耕田，表示对农业生产的重视。春分这一天，皇帝要到日坛去祭拜太阳，祈求风调雨顺、国泰民安。只不过是每隔一年去一次日坛。此外秋分的时候皇帝还要去月坛祭祀夜明神月亮，一般是每隔两年去一次。

巴迪：古代没有钟表，怎么确定时间呢？他们怎么知道哪天是春分？

阿明老师：钟楼和鼓楼就是用来发布时间的啊！通常采用“晨钟暮鼓”的方式。大臣上朝、科举考试都要严格遵照钟楼和鼓楼的时间发布。同学们有兴趣可以开展专题研究。此外，还有一个有趣的现象：西方城市中轴线多以东西走向为主，而中国城市的中轴线则多以南北走向为主。你们知道这是为什么吗？

奇奇、妙妙：不知道！

阿明老师：是因为东西方测定时间的方法不同！古代西方人是依赖二十八星宿的位置测定时间，他们需要从东西方向观察太阳处于哪个星宿。而中国古人是通过立表测影辨明东西南北四个方向，从而掌握了夏至、冬至、春分、秋分四个节气的具体时间，进而了解到和农业生产密切相关的其他时间点，也就是二十四节气。

巴迪：二十四节气都有哪些呢？

妙妙：我给你唱一首《二十四节气歌》，你就记住了。

春雨惊春清谷天，夏满芒夏暑相连。

秋处露秋寒霜降，冬雪雪冬小大寒。

阿明老师：赶快把二十四节气背下来吧！

奇奇：巴迪，2022年北京冬奥会的开幕式你不是看过了吗？还记得“24秒倒计时”吗？

巴迪：记得啊！那24张海报的画面和音乐都很美，好像每一幅海报上还有一句古诗呢！我都背下来了！

阿明老师：你们知道吗？2022年北京冬奥会开幕式的24秒倒计时里不仅有二十四节气，还有北京中轴线建筑呢！

奇奇、妙妙：真的吗？

阿明老师：24张海报的取景地有10处来自北京的5大景区。其中故宫、天坛、景山都是北京中轴线上的古建筑哦！

巴迪：太好了！我要去打卡拍照！

阿明老师：我把海报取景地提供给你们，有时间去亲自欣赏实景的美吧！

节气	取景地
雨水	故宫太和殿
惊蛰	春日八达岭长城
春分	故宫文华殿
清明	历代帝王庙
立夏	天坛祈年殿
大暑	景山万春亭
白露	故宫角楼
霜降	故宫冰窖餐厅附近
小雪	故宫午门
大雪	冬日八达岭长城

任务清单四：发现中轴线的美

这 10 张海报中你们最喜欢哪一张？请用几句话介绍画面内容或景点特色，向来北京参观的外地朋友，或者外国朋友做个推荐吧！北京中轴线上还有很多美景，你最喜欢哪一处？可以摄影，也可以绘画，在班级举办一个“大美中轴线”摄影、绘画作品展。

巴迪：我想给大家介绍一下故宫的角楼！这是我拍的照片……

奇奇：我想给大家介绍一下故宫的太和殿！请听我说……

妙妙：我想给大家介绍一下钟楼！我写了一首小诗，还谱了曲，我可以唱给大家听！

任务清单五：研究北京中轴线建筑与二十四节气的关系

提示：可以以某一处中轴线建筑的用途为研究对象，写一份调查报告，不少于 300 字。

开心闯关

1. 下面的景点不属于世界文化遗产的是（　　）。

A. 长城　B. 明清故宫　C. 周口店北京人遗址　D. 北海公园

2. 下列世界文化遗产属于北京中轴线建筑的是（　　）。

A. 长城　B. 明清故宫　C. 颐和园　D. 周口店北京人遗址

3. 冬至这天明清的皇帝会到（　　）去举办祭天大典。

A. 天坛　B. 地坛　C. 日坛　D. 先农坛

4. 春分这天，明清皇帝会到（　　）祭拜太阳。

A. 天坛　B. 地坛　C. 日坛　D. 先农坛

5. 在二十四节气中，到了某一个节气，民间百姓有竖蛋的习俗，这个节气是（　　）。

A. 春分　B. 夏至　C. 秋分　D. 冬至

6. 皇帝祭祀土神、谷神的地方是（　　）。

A. 天坛　B. 地坛　C. 日坛　D. 社稷坛　E. 先农坛

7. 每隔两年的秋分，明清皇帝祭祀夜明神的地方是（　　）。

A. 日坛　B. 月坛　C. 先农坛　D. 地坛

8. 在古代，钟楼的钟是（　　）敲。

A. 早晨　B. 中午　C. 傍晚　D. 晚上

9. 在古代，鼓楼的鼓是（　　）敲。

A. 早晨　B. 中午　C. 傍晚　D. 晚上

10. 明清时期，皇帝出宫，从故宫太和门出宫前往永定门内侧的天坛祭天，不会经过的地方是（　　）。

A. 午门　B. 正阳门　C. 地安门　D. 天桥

完成任务就可以获得金盾一枚，赶快给金盾涂上自己喜欢的颜色吧！

第四关　中轴线古建筑的智慧（一）

——承重和排水

中国古代建筑以宫殿、庙宇、亭台楼阁为主，造型或优美或雄伟，布局严谨，别具一格。

北京中轴线上的古建筑更是中国古代建筑的杰出代表。这里有世界上最大的古代宫殿群——故宫。有具有回音效果的天坛回音壁，还有位于中轴线最北端的钟楼和鼓楼。每一处建筑都彰显了古代劳动人民的智慧。这一关，你们要去发现这些古建筑的闪光智慧，并学习其中的知识和原理。

阿明老师：同学们，你们发现中国古代的建筑除了讲究对称，还有什么特点吗？

奇奇：中国古代建筑的材料主要是木头。房屋的大梁和柱子都是木头做的。

奇奇、妙妙：古代建筑都采用榫卯结构，即使不用钉子也很结实。

巴迪：我参观故宫的时候，发现屋子里有很多木头柱子，而这些柱子都是圆柱形的，难道就不可以用长方体、三棱柱做柱子吗？

奇奇：我也发现了，为什么要放那么多柱子呢？可不可以去掉？

阿明老师：这些柱子是用来支撑屋顶的，如果去掉了屋顶就不牢固了。

妙妙：那么为什么不用方柱子，而是要用圆柱子呢？还有，为什么把柱子立在石头台基上？

阿明老师：我们做个小实验，你们就明白了。

任务清单六：谁是承重大王？

用 A4 纸分别折成三棱柱、长方体、八棱柱和圆柱体，用双面胶粘牢。然后将它们立在桌子上。依次向四个柱体上摆放教科书。测试哪一种柱体能承载的教科书数量最大，就说明哪一种柱体的承重能力最强。

寻找“承重王”实验记录

	一本书	两本书	三本书	四本书	五本书	六本书	七本书	八本书
三棱柱								
长方体								
八棱柱								
圆柱体								

（注：每本书的重量应相同）

多边体中角越多承重能力越强。所以，在材质相同，横截面周长相同的情况下，八棱柱比三棱柱和长方体承重能力强。圆柱体没有角，压力可以均匀地分摊在柱体表面，因此承重能力最强。

巴迪：我还有一个问题，这些柱子为什么不是直接埋在地里，它们的下边都“长脚”，有圆柱体或立方体的石头台座？

阿明老师：为了搞懂这个问题，我们还需要做一个纸杯负重实验。

实验材料：

两个纸杯、两根橡皮筋、六七块重量相等的橡皮。

实验步骤：

1. 把所有橡皮都放进纸杯，纸杯很平稳。
2. 把橡皮用橡皮筋勒在杯子外底部周围，一块一块依次叠加，观察纸杯的杯体是否倾斜。
3. 把橡皮用橡皮筋勒在杯子外上部周围，一块一块叠加，观察纸杯是否倾斜。

实验记录表

橡皮放置的位置	橡皮数量								
	1	2	3	4	5	6	7	8	9
将橡皮置于杯子底部									
将橡皮绑缚在杯子外底部周围									
将橡皮绑缚在杯子外上部周围									

实验结论：

故宫里大殿的柱子的“石头脚”有很多用途：一来可以防潮，防止木材年久损毁；二来增加了石头柱础，可以传递上部的荷载，增强柱子的承重能力。这样房子就会很结实，可以防震，做到即便“房倒”，屋也“不塌”。

巴迪：我发现故宫的许多大殿外的围栏处都有龙头，这是做什么的？只是为了装饰吗？

阿明老师：这些龙头都是排水管。你们发现了吗？不管下多么大的雨，故宫里都不会积水。2016 年 7 月 21 日，北京下了一场特大暴雨，很多地方都出现了积水现象，可是故宫虽然出现了“千龙吐水”的奇景，最终却安然无恙，并没有被淹。你们知道这是为什么吗？赶快展开研究吧！

任务清单七：撰写专题报告

查阅资料或者采访相关人员，研究故宫是如何防汛的，撰写专题报告，不少于500字。

提醒一下，可以从故宫的自然条件、地理位置以及设计师的巧妙规划（排水系统）来研究，故宫排水系统分为三类（建筑排水、地表径流、地下暗沟）。研究一下故宫是怎样防汛的，雨水都流到哪里去了。

完成任务就可以获得金盾一枚，赶快给金盾涂上自己喜欢的颜色吧！

第五关 中轴线古建筑的智慧（二）

——榫卯结构

魔镜有话说

故宫里的建筑没有使用一根钉子，却巍然屹立，风雨不动安如山，是因为采用了榫卯技术，也就是用榫和卯进行拼插。这可是中国古代建筑的一大智慧。你们可以通过孔明锁来感受一下榫卯的魅力。

阿明老师：看，长的一端就是榫头，一端被挖出一个与榫头相同尺寸的口子，就是卯口，然后将榫头插入卯口，就形成了牢固的榫卯连接。你们能说说榫卯结构的好处吗？

奇奇：全是木头制作，方法材料整体比较轻，便于运输。

妙妙：比较美观啊！你们看看天安门多好看，就连故宫的角楼都是飞檐翘角，雕梁画栋，显得那么精美！

巴迪：不光是为了好看吧？一定还有很多实际的用途！

阿明老师：巴迪说得好，采用榫卯结构最大的好处就是抗震。西方建筑材料多采用石头，对于抗震是以刚克刚，而我们中国古代建筑采用木头为主要材料，加上榫卯结构连接，最大的好处就是以柔克刚。地震时，建筑结构会产生晃动，但是震动不会对建筑造成巨大的损害，因为榫头与卯口之间会有一个复位的循环，这样就形成了天然的“抗震阻止器”。

巴迪：哇！中国古代的工匠真是太有智慧了！

阿明老师：是啊，古代的工匠都是物理学家，他们懂得力学原理，在实践中练就了一身本领，能估计每块木头的承受力，从而利用榫卯结构打造出花样繁多的造型。古代建筑被概括为亭台楼阁，亭子看起来最简单，为什么却排在了第一位？就是因为它看似简单，却充分运用了中国古建筑的多项技术，比如榫卯结构。亭子的类型特别丰富，你们知道都有哪些吗？

奇奇：有凉亭，是用来乘凉的。校园里就有一个啊！

妙妙：有街亭，是供路人休息、送别、小聚用的。

巴迪：我在书上看到过井亭的图片，是用来保护水井的。

阿明老师：是啊，文学作品中也有不少有名的亭子呢，比如欧阳修写过《醉翁亭记》，王羲之写过《兰亭集序》。想要了解亭子的历史和造型，同学们就去北京的陶然亭公园里的华夏名亭园参观一下吧！

通过实地观察亭子，你们有什么发现？有没有注意亭子的位置、式样、大小有什么特点？你会发现古人建造的亭子总是因地制宜，借用地形：或者靠近水边，或者依靠山势，或者居于园林，或者居于庭院。亭子的形态十分优美且富于变化：有单檐，也有重檐；有单层的，也有两三层的；从平面看有正方形的、长方形的、六角形的，还有圆形的、梅花形的、扇子形的。亭子的材料也很丰富：有石质、木质、竹质，还有茅草做的。亭子的顶一般有攒尖顶和歇山顶、硬山顶和十字顶之分。

任务清单八：给校园设计一个读书亭

提示：要具体说明准备把亭子建在校园的什么位置，指出用什么材料，采用几根柱子，几层顶，哪种形式的顶，并画出设计图，给亭子命名，并解释理由。

任务清单九：当一回小工匠，用自己的智慧完成榫卯拼接作品

完成任务就可以获得金盾一枚，赶快给金盾涂上自己喜欢的颜色吧！

第六关　中轴线古建筑的智慧（三）

——神奇的回音壁

位于北京中轴线南端的天坛不仅是世界上最大的祭祀宫殿群，这里还有一个既奇妙又有趣的建筑——回音壁。其实回音壁就是皇穹宇的围墙。墙高3.72m，厚0.9m，直径61.5m，周长193.2m。墙壁使用磨砖对缝砌成，墙头覆盖着蓝色的琉璃瓦，看上去富丽堂皇。最奇妙的就是一个人靠墙而立向北说话，不管你说话的声音多小，站在一二百米之外的人都能听得一清二楚，而且声音悠长，仿佛来自宇宙，能给人一种天人感应的神秘感。难道冥冥之中真的是神灵在帮助我们传声吗？

奇奇：不可能，世界上没有神仙鬼怪。

妙妙：我觉得是因为这个墙有奥秘。

巴迪：我觉得围墙和屋顶都有奥秘。

阿明老师：小巴迪真聪明！咱们做两个实验，研究一下声音是怎么传播的。

任务清单十：完成真空声音传播实验

实验材料：

电子铃、玻璃钟罩、抽气泵。

实验步骤：

1. 把一只正在响的电子铃放进玻璃钟罩。
2. 用抽气泵把里面的空气抽掉。观察电子铃的声音变化。

实验结论：

任务清单十一：完成声音反射和折射实验

实验材料：

两张白纸、一本词典。

实验步骤：

1. 首先把两张白纸卷成两个一样大小的圆柱体，立在桌面上。
2. 把一本厚重的词典立在两个纸筒 10cm 左右的后面。
3. 在一个纸筒的边上放一个闹钟。将耳朵贴近另一个纸筒去听。
4. 调整两个纸筒夹角的角度，直到听到最清晰的声音。

测量两个纸筒与词典所成的夹角，你会发现它们的夹角是相同的。

实验结论：

巴迪：我明白了，天坛的回音壁也是利用了声音的折射和反射原理。

奇奇：是啊，我觉得在空房间里听到的声音比在普通房间里听到的大也是这个道理吧？

阿明老师：没错！因为空房间里没有遮挡，声音反射得比较快，会和原声混合在一起，声音听起来就比较大了。

妙妙：我注意到了天坛回音壁也很空旷，它的墙面是弧形的，用磨砖对缝砌成，特别光滑，这样能加强声音的反射效果。

巴迪：对啊！再加上围墙上覆盖着琉璃瓦的圆穹顶，能保护声音不会散漫消失，这样就形成了回音的效果。

阿明老师：孩子们，你们通过实验发现了天坛回音壁的奥秘，可真棒！

完成任务就可以获得金盾一枚，赶快给金盾涂上自己喜欢的颜色吧！

第七关　有故事的中轴线

（一）中轴线上的“门”

中轴线上有许多以“门”命名的地名，有的一直沿用到今天，但是在古代这些地方真的有门吗？一共有多少扇门？这些门都是用来做什么的？它们的名字里藏着什么玄机？你们赶快去探究一下吧！

奇奇：永定门位于北京中轴线的最南端，我就研究一下永定门吧！永定门修建于明嘉靖三十二年（1553 年），是外城的重要标志。永定门位于外城南城墙中间，是当时 7.8 千米中轴线的最南端。进了永定门就意味着进城了。这叫“一城永定，左右相安”，指的就是永定门位于中轴线上，它的两侧分别对应的就是左安门和右安门。有国泰民安之意。我想考考大家：

永定门含有“永远安定”之意，在北京，带有“永定”二字的还有哪些河流和建筑？

妙妙：我想研究天安门，因为天安门上故事多！天安门于明永乐十八年（1420年）建成，原来叫承天门，是仿照应天（南京）的承天门修建的。是天子受命于天的标志。清顺治八年（1651年）改建，更名为天安门。同时将皇城的后门北安门改名地安门。天安门前为天街，取名长安街，寓意为“长治久安”。明清两朝在天安门城楼上举行重大国事活动。1949年10月1日，伟大领袖毛主席在天安门城楼上宣布“中华人民共和国成立了”。由此，天安门也成为新中国政治、文化和国际交流中心的重要标志。

巴迪：我最近在听评书，评书里经常说“把他拉到午门斩首”，我就研究一下这个午门吧！午门是紫禁城的正南门，高大威严。午门多用于迎接凯旋的将军，举办重大的国事活动，并不是用来杀人的地方。

阿明老师：正阳门是国门，是皇帝出巡和外国使节出入的都城之门。得名于明朝正统年间，寓意为“圣主当阳，日至中天，万国瞻仰”。正阳门的左边是崇文门，右边是宣武门，左文右武，两相对列。

任务清单十二：为中轴线上的一座“门”写一张小名片

（二）天桥真的有桥吗？

天桥位于中轴线南段，是天子到南郊祭天、到南苑狩猎必经的桥梁。后修建东西小广场，是明清北京帝都文化的标识，也是清末民国初年北京市井民俗文化聚集的场地。

从正阳门到永定门直线距离3千米，明朝起特设御道，明朝的皇帝从紫禁城出发，经过午门、天安门、大清门、正阳门到天桥，再向东前往天坛，这是敬天。如果皇帝从紫禁城出发经过午门、端门、天安门、大清门、正阳门，到天桥后向东去天坛，就叫厚土。

奇奇：为什么叫天桥啊？

阿明老师：是去天坛祭天必经的桥，有通天之意，所以取名为天桥。

巴迪：天桥真的有桥吗？我怎么没有看到啊？

阿明老师：明朝时在这里建造了汉白玉单孔高拱桥，被称为天桥。这座桥是皇帝专用的，平时都是用木栅栏封着，老百姓不能走。桥下的河道后来变成了龙须沟。到了清朝光绪年间天桥变成了矮矮的石头桥。1934年修马路时，拆掉了这座石头桥。于是历史上大名鼎鼎的天桥就消失了。桥没了，但是地名却沿用至今。

妙妙：老舍先生的小说里经常提到天桥呢！

阿明老师：是啊！老舍先生是咱们北京作家，被称为“人民艺术家”。《骆驼祥子》《四世同堂》《茶馆》《龙须沟》写的都是咱们老北京平民百姓的事儿，天桥在新中国成立以前是底层市民的游艺场所和商品市场，所以，自然会经常出现在先生的笔下了。你们知道“天桥八怪”吗？请说一说。

（三）老字号店铺和胡同儿

中轴线的北端是古都规划中“前朝后市”的城市商业区。中轴线两侧的锣鼓巷、什刹海是百姓居住的生活休闲区域；位于前门大街两侧的大栅栏、鲤鱼口等是传统商业区。这里有很多传统老字号和别有风味的胡同，代表了古都北京的市井民俗文化。

阿明老师：你们看看这些招牌名称，猜猜这些店铺是卖什么的。

六必居	荣宝斋	一得阁	同仁堂

巴迪：胡同是老北京的代表。我最喜欢逛胡同了。

阿明老师：胡同的历史可长了，“胡同”一词从诞生至今已经有 700 多年的历史了。

妙妙：“胡同”这个词最早是什么意思呢？

阿明老师：“胡同”是蒙古语的音译，最早的意思是“井”。蒙古族人定都北京后，在院子和院子之间打井取水，久而久之就形成一条条供人们穿行的小巷。而“胡同”一词也就沿用了下来。

根据这些胡同的名字，你能猜出当年这里的居民大多数都从事什么商业活动吗?

- 瓷器库胡同
- 蜡库胡同
- 酒醋局胡同
- 钟鼓司胡同
- 织染局胡同

（四）中轴线上的新建筑

清朝最后一个皇帝溥仪逊位，紫禁城变成了故宫，长安街被打通，正阳门瓮城被拆除，20 世纪 50 年代天安门广场改造后形成了天安门广场新建筑群：人民英雄纪念碑、中国革命博物馆、中国历史博物馆、人民大会堂。故宫，还有这些新建筑都向劳动人民开放，为劳动人民服务。你们知道这些新建筑都是做什么用的吗?

阿明老师：还有两处建筑不是新建筑，是在原有的古建筑基础上改造的，你们知道是哪两处吗?

妙妙：是中山公园和劳动人民文化宫吧!

阿明老师：那你们知道它们是由哪处旧建筑改造的吗?

巴迪：我知道，劳动人民文化宫是 1950 年在太庙原址改建的。社稷坛的五色土就在中山公园内。

奇奇：哇！巴迪，你可真厉害！

巴迪：嘿嘿！我有宝图，我手里有一张北京中轴线新旧建筑对比图。

奇奇、妙妙：宝图是从哪儿来的？

巴迪：根据实地参观和学习自己画的啊！

阿明老师：同学们，随着 2008 年北京举办奥运会，建起了鸟巢、水立方等场馆，北京形成了新中轴线。你们也来画一画今日北京中轴线建筑的示意图吧！

任务清单十三：绘制当代北京中轴线建筑示意图

完成任务就可以获得金盾一枚，赶快给金盾涂上自己喜欢的颜色吧！

北京中轴线文化的精髓是“中”与“和”，北京的中轴线就是千年古都的文化脊梁。北京的中轴线就是中华文明和文化传统的重要见证，也是北京人祖祖辈辈生活的乐园。祝贺大家顺利完成中轴线探秘之旅，帮助巴迪拿到了6枚宝贵的金盾。这一路巴迪在奇奇、妙妙的帮助下过关斩将，一共拿到52枚金盾。巴迪在探究的过程中不仅学到了科学知识，更学会了学习，也彻底爱上了地球，爱上了科学。

这时，又一道难题摆在了巴迪的面前——是留下来继续学习，还是马上回到自己的星球？小朋友们，你们觉得巴迪该如何选择？这一路，你们和巴迪一起展开科学探秘一定有很多收获，欢迎给巴迪写信交流。也欢迎大家把闯关过程中完成的作品发到下面的邮箱，参加评奖。

bddkxtmzl666@126.com

参考答案：

第三关“开心闯关”：

1. D	2. B	3. A	4. C	5. A
6. D	7. B	8. A	9. C	10. C